개성상인,
열 살에 장사의 길에
들어서다

개성상인,
열 살에 장사의 길에
들어서다

초판 1쇄 인쇄일	2025년 11월 19일
초판 1쇄 발행일	2025년 11월 26일
기 획	한국국학진흥원
지은이	양정필
펴낸이	한선희
펴낸곳	국학자료원 새미(주)
	등록일 2005 03 15 제251002005000008호
	경기도 고양시 덕양구 권율대로 656 원흥동 클래시아 더 퍼스트 1519, 1520호
	Tel 02)442-4623 Fax 02)6499-3082
	www.kookhak.co.kr
	kookhak2010@hanmail.net
ISBN	979-11-6797-271-2 *94910
	979-11-6797-264-4 *94910 (세트)
가격	14,000원

ⓒ 한국국학진흥원 인문융합본부, 문화체육관광부

* 이 책의 한국어판 저작권은 한국국학진흥원과 문화체육관광부에 있습니다. 신저작권법에 의해 보호받는 저작물이므로 무단 전재와 복제를 금합니다.

* 저자와의 협의하에 인지는 생략합니다.
  국학자료원·새미·북치는마을·LIE는 국학자료원 새미(주)의 브랜드입니다.

양정필 지음
한국국학진흥원 기획

개성상인,
열 살에 장사의 길에
들어서다

국학자료원

◈ 책머리에

  한국국학진흥원은 2022년부터 문화체육관광부의 지원 아래 전통생활사총서 사업을 기획하였다. 이 사업은 전통시대 생활문화를 대중에게 널리 알리고자 해마다 20명의 생활사 전문 연구진을 섭외하여 추진해 왔다. 지난해까지 40종의 총서를 대중에게 선보였고, 올해도 다채로운 주제를 담은 20권을 발간하였다.

  한국국학진흥원은 국내에서 가장 많은 67만여 점에 이르는 민간 기록물을 소장하고 있는 기관이다. 대표적인 민간 기록물이라 할 수 있는 일기와 고문서는 당시 사람들의 일상을 세밀하게 이해할 수 있는 생활사의 핵심 자료이다.

  그동안 한국의 역사는 '조선왕조실록'이나 '승정원일기'와 같이 세계적으로 자랑할 만한 국가 기록물의 존재로 인해 중앙을 중심으로 이해되어 온 경향이 있다. 반면 민간의 일상생활에 대한 이해와 연구는 상대적으로 덜 주목받은 것도 사실이다. 다행히 한국국학진흥원은 일찍부터 민간에 소장되어 소실 위기에 처한 자료들을 수집하고 보존 처리하며 관리해 왔다. 나아가 이들 자료를 번역하고 심층 연구하여 대중에 공개했다. 이러한 민간 기록물을 활용하고 일반 대중에게 기여할 수 있는 효과적인 방법으로, '전통시대 생활상'을 생생하게 재현한 대중서로 집필하기에 이르렀다. 이는 일반인이 쉽고 재미있게 읽을 수 있는 전통생활사총서를 간행한 이유이기도 하다.

총서 간행을 위해 일찍부터 생활사의 세부 주제를 발굴하는 전문가 자문회의를 개최하고, 전통 생활문화를 가장 잘 구현할 수 있는 핵심 키워드를 선정하였다. 인간의 생활을 규정하는 보편적 분류인 정치, 경제, 사회, 문화의 큰 틀 아래, 매년 각 분야에서 핵심적이고 흥미로운 키워드를 선정하여 집필 주제를 정했다. 이번 총서의 키워드는 정치는 '지방 수령의 생활', 경제는 '시장 경제와 화폐 유통', 사회는 '질병과 의료', 문화는 '여가생활'이다.

각 분야마다 5명의 전공자로 집필진을 구성하고, 독자들이 어디서나 가볍게 들고 다니며 쉽게 읽을 수 있도록 다양한 사례를 풍부하게 담아달라고 요청하였다. 풍부한 사례 제시와 더불어 전문 연구자의 깊이 있는 시각을 담아 대중성과 전문성을 동시에 담보할 수 있는 것이 본 총서의 매력이다.

전문적인 서술로 대중을 만족시키기는 결코 쉽지 않다. 원고 의뢰 이후 5월과 8월에는 각 분야의 전공자를 토론자로 초청하여 2차례의 포럼을 진행하였고, 11월에는 완성된 초고를 바탕으로 대규모 학술대회를 개최하였다. 포럼과 학술대회를 통해 원고의 방향과 내용이 더욱 견고해지도록 점검하는 시간을 가졌다. 원고 수합 이후에는 각 책마다 전문가 3인의 심사 의견을 받았다. 출판사를 선정하여 수차례의 교정과 교열 작업을 거치며 완성도를 극대화했다. 책이 세상의 빛을 보기까지 꼬박 2년이 걸렸다. 짧다면 짧은 기간이지만, 2년의 응축된 시간 동안 꾸준히 검토 과정을 거쳤고, 토론과 교정을 통해 원고의 완성도를 높이기 위해 분주히 노력했다.

전통생활사총서는 국내에서 간행하는 생활사총서로는 가장 방대한 규모이다. 국내에서 전통생활사를 연구하는 학자 대부분을 포함하였다. 2024년도 한 해의 관계자만 연인원 백 명이 넘는 명실공히 국내 최대 규모의 생활사 프로젝트이다.

1990년대 이후 폭발적으로 증가했던 일상생활사와 미시사 연구에 대한 학계의 관심이 근래 들어 다소 소홀해진 상황이다. 본 총서의 발간이 생활사 연구에 활력을 불어넣는 계기가 되기를 기대한다. 연구의 활성화는 연구자의 양적 증가로 이어지고, 연구의 질적 향상 또한 이끌 것이다. 이는 전통문화에 대한 대중들의 관심 역시

증폭시키는 선순환을 만들어 낼 것이라 고대한다.

　본 총서는 한국국학진흥원의 연구 역량을 집적하고 이를 대중에게 소개하기 위해 기획된 대표적인 사업 중 하나이다. 참여 연구자의 대다수가 전통시대 전공자이며 앞으로 수년간 지속적인 간행을 준비하고 있다. 올해에도 20명의 새로운 집필자가 각 어젠다를 중심으로 집필에 들어갔고, 내년에 또 20권의 책이 간행될 예정이다. 앞으로 계획된 총서만 100권에 달하며, 여건이 허락하는 한 이 소중한 작업을 지속할 예정이다.

　대규모 생활사총서 사업을 지원해 준 문화체육관광부에 감사하며, 본 기획이 가능하게 된 것은 한국국학진흥원에 자료를 기탁해 준 분들 덕분이다. 다시 한번 깊이 감사드린다. 아울러 총서 간행에 참여한 집필자, 토론자, 자문위원 등 연구자분들께도 진심으로 감사 인사를 전한다. 책의 편집을 책임진 국학자료원에도 고마움을 표한다. 이 모든 과정은 한국국학진흥원 여러 구성원들의 노력이 있었기에 가능했다.

2025년 11월
한국국학진흥원 인문융합본부

차례

책머리에	4
들어가는 말	9

1. 개성상인의 기원　25

태조 이성계의 한양 천도	27
천도 이후 개성의 쇠락과 인구 감소	44
개성에서 과거 금지와 정치적 차별	64
개성의 입지와 농업의 불리함	75

2. 개성상인의 상업 전통　81

개성상인의 등장 시기	83
새로운 상업 방식과 사채 문제	93
개성상인 재생산 시스템 – 사환과 차인제도	117
개별 개성상인 사례	134

나오는 말	145
주석	152

들어가는 말

　개성상인의 역사는 550년이 넘는다. 필자는 조선시대 개성상인이 1450년대 무렵부터 비로소 등장한 것으로 이해하고 있다. 개성상인의 등장 시기는 그들의 기원과 관련하여 중요한 연구 주제이다. 기원과 등장 시기 문제는 본문에서 자세히 살펴볼 것이다. 여기에서는 개성상인의 역사가 얼마나 오래되었는지를 보려는 것이므로, 그들이 1450년대 무렵부터 등장하였음을 말해둔다.

　그럼 개성상인의 마지막은 언제일까. 조선 말기에 상인들이 큰 위기에 직면한 때는 개항 이후였다. 일본으로 대표되는 열강의 경제적인 침입이 본격화되면서 조선인 상인 중에는 활동이 침체하거나 파산하는 자들이 많았다. 개성상인도 그러했을까? 다행히 개항기의 위기를 넘겼다고 해도, 더 큰 위기가 기다리고 있었다. 조선이 일제의 식민지가 된 것이다. 일제 강점하에서 일본인 상인이 대자본을 무기로 한국인 상권을 침탈했고 많은 이들이 이에 밀려 세력이 약화하거나 쇠락해 갔다. 개성상인도 개성의 상권을 일본인에게 내주고 주변화하였을까?

　개항과 식민지라는 경제적 위기 속에서도 시세를 잘 이용하여 성장한 한국인 상인이 없지 않지만, 다수의 한국인 상인은 그 두 시기를 거치면서 일본인 상인에게 주도권을 내주고 약화해 갔다. 특히 전통 상업 도시로 알려진 서울, 동래, 평양, 의주 등지의 상인들은 자기 지역 상권의 주도권을 일본인 상인에게 뺏기고 주변적인 존재가 되었다. 그런데 개성상인은 달랐다. 개성상인은 경제적으로 위축되거나 몰락하지 않았다. 그들은 일본인 상인의 침탈로부터 개성상권을 지켜냈을 뿐 아니라 이전보다 더 왕성하게 상업 활동을 전개했다. 한국인 상인의 일반적인 운명과는 크게 달랐다.

개성상인은 6·25전쟁 이후 고향을 잃었는데, 그 영향으로 위축되거나 파산하였을까? 전쟁이 개성상인에게 끼친 영향은 컸다. 개성은 38선 바로 이남에 위치해서 정전협정 체결 이전까지는 남한에 속했다. 그런데 1953년 7월에 체결된 정전협정 결과 개성은 북한에 속하게 되었다. 전쟁이 끝나고 남한에 남은 개성인은 실향민이 되었다. 개성상인이란 명칭에서도 알 수 있듯이, 그들은 고향 개성을 근거지로 삼아 활동했는데, 고향을 잃게 되었으니 예전의 세력을 잃고 약화하였을 것으로 짐작할 수 있다. 그런데 월남 개성상인은 고향을 잃었음에도 남한에서 대기업을 일구는 등 여러 방면에서 주목할 만한 업적을 남겼다. 월남 개성상인에 한정하면 그들은 세력의 위축을 보여주지 않았고 여전한 활동력을 과시했다.

실향민이 되어서도 개성상인이 건재했다면 개성상인의 마지막은 언제인가. 개성상인은 한국사 교과서에서 조선 후기를 대표하는 상인으로 소개된다. 그래서 개성상인을 으레 과거의 존재로만 생각하고 있었을 것이다. 만약 개성상인이 현재도 살아 있다고 하면 쉽게 믿기 어려울 것이다.

그런데 언론에서는 남한에서 활동하던 개성상인에 대한 기사를 종종 게재했다. 특히 2000년대 이후 언론이 월남 개성상인을 본격적으로 조명하기 시작했다. 언론이 개성상인을 주목한 계기가 있다. 1997년 금융 위기를 겪으면서 많은 기업이 위기에 직면했고, 몇몇 회사는 도산했다. 그런 큰 위기 속에서도 위기를 잘 극복하고 살아남은 기업들도 있었다. 언론은 그러한 기업 중에는 개성 출신이 세운 것이 적지 않음을 알게 되었다.[1] 언론은 월남 개성상인의 기업 경영이 여타 회사와는 다른 부분이 있음을 주목하고 그와 관련한 기사를 내보내기 시작했다.

언론 기사를 통해서 마지막 개성상인에게 다가가 보자. 언론에서 마지막 개성상인이라고 보도한 인물은 동양제철화학(지금의 OCI)을 세운 이회림 회장이었다.[2] 이회림 회장은 자서전을 남겼다.[3] 본문에서 그의 자서전에 의거해서 젊은 시절 이회림의 상업 활동을 소개할 예정인데 그것을 보면 그가 정통 개성상인이었음을 알 수 있다. 이회림 회장은 2007년에 세상을 떠났다. 그 해가 개성상인의 마지막일까. 그렇지 않다.

이회림 회장만큼 언론에 자주 보도되지는 않았지만, 호림미술관을 세운 윤장섭 회장도 월남 개성상인 1세대로 언론에 보도되었다. 그분도 개성 출신으로 개성상인의 상업 전통을 따르면서 기업을 경영했다. 윤장섭 회장도 개성상인인 것이다. 윤장섭 회장은 2016년에 세상을 떴다.[4] 그럼 그 해를 계기로 개성상인은 과거의 존재가 된 것일까.

단정하기에는 이르다. 이회림과 윤장섭은 대기업 혹은 유명한 미술관을 세워서 언론에 자주 보도된 사례이다. 그런데 견실한 중견 기업을 일구고 현재까지 경영하고 있는 개성상인이 있다. 필자가 박사과정 시절부터 개성상인을 연구하면서 알게 되었고, 개성상인 연구와 관련해서 여러 차례 도움을 받은 제일항역의 박광현 회장이 바로 그분이다. 이분도 개성 토박이로 개성상인의 정체성을 지니고 기업을 경영하고 있다. 그는 꾸준히 기부하였고 그와 관련한 신문기사를 찾는 것도 어렵지 않다.[5] 그렇지만 언론에서는 앞의 두 사람과는 달리 그를 개성상인으로 주목하지는 않는다.

언론이 개성상인으로 보도하지 않았지만, 박광현 회장도 개성상인이라고 할 수 있다. 그는 개성상인으로서 정체성과 긍지를 지니고 있음은 물론이고, 열여섯의 어린 나이에 부모 없이 바로 위의 형과 월남하여 자수성가하였다. 10대 중반의 나이에 부모님도 곁에 없었던 그가 남한 사회에서 고등교육까지 받고 경제적으로 성공하기까지 주변 개성인의 도움이 컸다. 그의 기업 경영 방식도, 부채를 얻어서라도 문어발식으로 기업을 확장하는 것을 경계하고 한 분야에서 내실 있는 성장을 추구했는데, 이는 개성상인의 전통적인 상업 방식의 영향이다. 박광현 회장을 개성상인으로 볼 수 있다면 개성상인은 현재도 존재한다고 할 수 있다.[6]

다만 개별 개성상인은 생존해 있지만, 우리가 역사를 통해서 알고 있는 개성상인이 존재한다고 보기는 어려운 측면이 있다. 개성상인의 핵심은 집단성에 있기 때문이다. 개성상인이란 개별 개성상인도 의미하지만, 그 개별 개성상인 모두를 아우르는 상인 집단을 의미하기도 한다. 집단으로서 개성상인은 서로 긴밀하게 연결되고 서로 도움을 주고받는 체계를 형성하고 있었다. 이러한 체계가 작동할 때 개성상인은 개성상인일 수 있다. 현재 개별 개성상인은 살아 있지만, 집단으로서 개성상인의 상업 체계가 작동한다고 보기 어렵다. 대개 20세기까지는 그러한 체계가 작동했고, 21세기 이후가 되면 월남 개성인의 고령화 및 사망으로, 개별 개성상인은 생존해 있어도 집단으로서 개성상인 체계는 기능을 하지 못하고 있다.

이렇게 보면 개성상인은 1450년대 무렵 등장해서 20세기까지 활발하게 활동하였고, 개별 개성상인은 현재도 생존해 있다고 할 수 있다. 그렇다면 개성상인의 역사는 550년 이상, 최대로 길게 잡으면 570여 년이 된다고 할 수 있다. 왕조로서는 꽤 긴 520여 년의 역사를 지닌 조선보다도 개성상인의 역사가 더 길다. 개성상인은 조선이 망한 후에도 100년 이상 더 건재했다. 본문에서 설명하겠지만 개성상인은 조선 정부와 태조 이성계에 대해 반감이 컸다. 조선보다 더 오래 살아남음으로써 이성계의 조선보다 자신들이 더 나은 존재였음을 보여준 셈이다.

개성상인의 역사가 550여 년이 이른다고 하였는데, 그 기간에 어떤 사건들이 있었는지 보자. 1592년에 임진왜란이라는 큰 전쟁이 있었고 1638년에는 병자호란이 발발했다. 이후 평화가 이어졌지만, 19세기 들어 국가 기강이 무너지면서 정치는 물론 경제도 위기에 처했다. 개항 이후에는 새롭게 전개되던 국제 환경에 적절하게 대처하지 못하면서 일제에 강점되었다. 해방 이후에는 남북 분단으로 6·25전쟁까지 겪었다. 지난 4백여 년간 국가의 멸망에 가까운 큰 위기를 몇 차례 겪었다. 그런 만큼 우리 역시에서 5백 년 이상 이어져 온 존재는 매우 드물다.

그런데 개성상인은 무려 550여 년간 존속했으니 그 자체로 흥미로운 존재가 아닐 수 없다. 심지어 개성상인은 그 대부분의 기간 동안 당대 최고 수준의 상인이었다. 현재의 경제 상황으로 예를 들면 삼성전자가 지금 위상을 유지하면서 거의 오백 년간 군림했다고 생각하면 될 것이다. 개성상인은 어떠한 비결을 갖고 있었기에 550여 년간 최고 상인으로 존속할 수 있었을까. 이 글은 그 비결을 필자가 이해하고 있는 개성상인의 역사를 통해서 설명해 보려는 시도이다.

요약

개성상인은 그들만의 특색있고 매우 뛰어난 상업 기술, 상업 전통을 갖고 있었다. 개성상인은 그러한 상업 전통을 기반으로 그 오랜 세월을 최고의 상인으로 존속할 수 있었다. 따라서 개성상인을 이해하기 위해서는 그들이 오랜 역사를 통해서 발전시켜 온 상업 전통을 알아야 한다. 그리고 개성상인의 상업 전통은 그들의 독특한 기원에서 비롯되었다. 개성상인은 단순히 지역 명칭을 붙인 상인이 아니었다. 그들은 고려 멸망과 조선 건국 그리고 이어진 한양 천도라는 역사적 배경하에서 등장했다. 따라서 개성상인을 올바로 이해하기 위해서는 그들의 기원을 정확히 이해할 필요가 있다. 그래서 본문에서는 개성상인의 기원을 우선 자세히 살펴볼 것이다. 그리고 그 기원에서 비롯된 상업 기술, 상업 문화가 어떻게 형성되어 갔는지를 설명해 보려고 한다.

일반 독자는 본문에 등장하는 생소한 단어와 인물, 처음 접하는 역사 사실로 인해서 내용을 이해하기 힘들 수 있다. 그래서 본문 내용을 간략히 소개해서 이해를 돕고자 한다.

고려 멸망과 한양 천도 그리고 태조 이성계

조선시대 개성상인이 역사 무대에 등장하는 데는 조선 건국과 이어진 한양 천도가 결정적인 영향을 끼쳤다. 한양 천도는 태조 이성계를 제외하면 거의 모든 사람이 반대했다. 심지어 정종과 태종도 한양 천도에 적극적이지 않았다. 그럼에도 한양 천도가 성공한 이유는 전적으로 태조 이성계의 강한 의지 덕분이었다. 한양 천도 과정에서 태조의 역할을 올바로 알아 둘 필요가 있다. 왜냐하면 개성상인은 넓게는 조선 왕조에 대해서 좁게는 태조 이성계에 대해서 강한 반감을 공유함으로써 집단으로서 개성상인의 정체성을 형성했는데, 그러한 정체성 형성의 배경을 이해할 수 있기 때문이다.

개성의 위상 하락

고려시대 개성은 도읍지였다. 당시 개성에는 국왕을 비롯한 왕실과 조정 대신, 관료들이 거주하고 전국의 물산이 모여들었다. 그리

그림 1
경기 개성 남대문, 국립중앙박물관 소장, e뮤지엄에서 전재

고 정치·경제·사회·문화 등 모든 분야에서 명실상부한 중심이었다. 조선 건국과 이어진 한양 천도로 개성은 도읍의 지위를 상실했다. 도읍이 아닌 개성과 그곳에 살던 사람들은 어떻게 되었을까. 상식적으로 생각할 수 있듯이, 개성은 과거의 번성과 영광을 서서히 잃어 갔다. 더불어 인구도 크게 감소했다. 이런 과정을 거치면서 수십 년이 지나자 개성은 하나의 지방 도시로 전락했다. 지방 도시가 된 개성에 사는 사람들은 바뀐 환경에 적응하면서 새로운 삶의 방식과

생계 수단을 찾아야 했다. 그런데 개성인에게 모든 직업의 기회가 열려 있지 않았다.

개성에서 과거 금지와 관직 진출 제약

한양 천도 이후 많은 사람들이 개성을 떠났다. 그런데 개성에 남은 사람도 있었다. 태조 이성계는 그들이 고려에 충절을 지키기 위해 한양 이주를 꺼린다고 생각했다. 그들을 회유하기 위해서 과거 시험을 두 차례 특별히 시행했다. 그런데 두 번 모두 과거 시험장에 한 사람도 나타나지 않았다고 한다. 그들의 본심을 확인했다고 생각한 태조는 개성에서 과거 시행을 금지했다는 이야기가 전해 온다. 이 일화의 사실 여부를 떠나서 실제로 개성에서 과거를 실시한 시기는 1470년대 이후였다. 그때까지 개성인은 과거를 통한 관직 진출이 어려웠다. 그 기간 동안 개성인은 관리가 되는 것을 선택할 수 없었다.

협소한 농지로 인한 농업 선택 제약

개성은 지형적으로 농업에 불리했다. 개성은 사방이 산으로 둘러싸인 분지인데, 그 분지 내부가 협소하다. 또 토질은 모래가 섞여 있어서 논농사에 적합하지 않다. 농지도 적고 토질도 비옥하지 않아서 개성인은 농업으로도 생계를 유지하기 힘들었다. 농업도 개성인이 선택할 수 있는 직업은 아니었다. 이처럼 '사농공상' 중에서 '사'와 '농'에서 활로를 찾기에는 한계가 많았다. '사'와 '농'을 제외하면 남는 것은 '공'과 '상' 즉 수공업과 상업이다. 개성인은 결국 이 두 방면으로 진출하기 시작했다.

15세기 중엽 개성인의 상업 진출

개성인이 관리와 농민이 되는 것이 어렵고 자신들은 결국 상업과 수공업 방면에서 활로를 찾아야 함을 깨닫게 된 시점은 한양 천도 직후가 아니었다. 천도 이후 두세 세대가 지난 1450년대 무렵이 되어서였다. 그 무렵이 되면 직업 선택에서 자신들이 직면한 제약을 분명히 인식하게 되었다. 그래서 1450년대 무렵부터 몇몇 사람이 장사를 나서기 시작했다고 생각한다. 그 이후 장사하는 대열에 합류하는 이들이 늘어나면서 1469년이 되면 개성인은 다수가 장사한다는 기록이 나오게 된다.

가난한 개성상인의 지방 출상

1450년대 무렵부터 개성에 남은 사람들은 상업 방면으로 진출하기 시작했는데, 그 상업 방식도 개성이 수도였을 때와는 크게 달랐다. 15세기 개성 인구는 대략 3만 명 내외로 추산되는데, 장사하는 개성인 수는 매우 많아서 3만여 명이 포용할 수 있는 범위를 훨씬 초과했다. 그래서 그 많은 개성상인이 모두가 개성 시내에서 장사하는 것은 불가능했다. 비교적 경제적 여유가 있고 개성 시내에 점포를 차릴 수 있는 이들은 개성 시내에서 장사할 수 있었다. 그런데 다수의 개성상인은 경제적 형편이 좋지 않아서 개성 시내에 점포를 마련할 수 없었다. 그렇다고 상업을 포기할 수는 없었으니, 그들은 결국 개성 시내가 아니라 다른 지역으로 가서 장사하는 방식을 취할 수밖에 없었다. 이런 상업 방식을 '지방 출상'이라고 부를 수 있을 것이다. 개성상인 중 개성 시내에서 장사하는 이들보다 지방으로 장사하러 나간 상인이 훨씬 많았으므로 지방 출상은 개성상인의 핵심적인 상업 방식이 되었다.

부유한 개성상인의 자금 대여와 사채 문제

지방 출상을 떠난 이들은 가난하였다. 그들이 지방 출상을 나섰는데 한 가지 문제가 있었다. 가난해서 장사 밑천이 없는 것이다. 마침 개성에는 부유한 이들이 있었다. 부자들은 타지로 장사를 떠나는 이들에게 밑천을 빌려주었다. 부자들이 선량해서 자비를 베푼 것은 아니었다. 그들은 제공한 밑천에 대해서 이자를 붙여서 돌려

받았다. 부자들은 이런 방식으로 재산을 늘리려고 했다. 그런데 빌려 간 사람이 제때 갚지 못하는 일이 많아서 소송이 빈발했다. 당시 조정에서 논의될 정도로 큰 문제로 비화했다. 16세기 초반의 일이었다. 이를 보면 상업 방면으로 진출한 초창기에는 개성상인 사이에 신뢰도 부족했고, 상업적 능력도 취약해서 사채 문제가 발생했음을 알 수 있다.

상인 재생산 시스템 구축

개성상인은 사채 문제를 해결하지 못하면 공멸할 수 있었다. 이 문제를 해결했을까. 이와 관련해서 17세기 전반의 한 기록이 주목된다. 그 기록에 의하면 당시 개성은 상업이 매우 번성한 지역이었다. 상업이 번성하니 소송이 빈번할 것 같은데 실제로는 소송이 거의 없는 곳이라고 적고 있다. 16세기 초 사채 문제를 일으켰던 개성상인을 생각하면 1백여 년 사이에 큰 변화가 있었음을 알 수 있다. 그 변화는 개성상인이 사채 문제를 성공적으로 해결했기에 가능했다. 개성상인의 해결책은 상인 재생산 시스템을 구축하는 것이었다. 즉 그들은 능력 있고 성실하며 신뢰할 수 있는 상인을 직접 양성하고, 그런 과정을 밟아서 상인이 된 자에게 밑천을 빌려주는 전통을 만들어낸 것이다.

상인 양성의 시작, 사환 생활

상인 양성 과정을 보면 대개 10살 정도의 남자아이를 개성 시내에 있는 가게에 사환으로 들인다. 그 아이는 수년에서 길게는 십수 년에 걸쳐서 사환 생활을 했다. 그 기간에 그는 상업 현장에서 장사의 기본을 배우게 된다. 처음에는 청소하고 요강 치우는 일부터 시작해서 장부 적는 법을 포함하여 상거래 전반을 배우는 것이다. 사환 내에서도 숙련도에 따라 역할이 구분되었다. 이런 과정을 밟아서 스무 살 전후가 되면 처음에는 장사에 대해 전혀 몰랐던 열 살 아이는 완숙한 상인으로 거듭났다. 사환을 들여서 상인으로 양성하는 방식은 늦어도 16세기 후반에는 구축된 것으로 추정된다.

독립해서 장사하다, 차인 생활

완숙한 상인이 되면 타지로 장사하러 떠났다. 이때는 장사 밑천을 마련하는 것이 관건이 되는데, 대개는 어려서부터 가까이 두고 상인으로 성장하는 과정을 지켜본 가게의 주인이 밑천을 빌려주었다. 그렇게 되면 주인과 사환의 관계는 주인장과 차인의 관계로 바뀌었다. 주인장이 밑천을 무상으로 제공한 것은 아니었고 그 조건을 보면 주인장에게 유리했고 차인에게는 불리했다. 그럼에도 기꺼이 그 돈을 빌려서 타지로 장사를 떠난 이유는 자수성가할 수 있는 기회였기 때문이다. 차인이 혹 장사하는 중에 실패를 하더라도 주인이 보기에 불가항력적이라고 판단되면 계속 밑천을 빌려주었다. 따라서 차인이 성실하고 신뢰를 잃지 않으면, 비록 그 기간이 십수 년이 걸리더라도 끝내는 경제적 성공을 거두고 개성으로 완전히 돌아올 수 있었다. 가난한 개성의 젊은이가 자수성가할 수 있는 확실한 길이었기에, 주인으로부터 밑천을 빌리는 조건이 불리해도 충분히 감내할 수 있었던 것이다.

개성상인의 저력과 역사적 의미

개성상인이 오백 년 가까이 최고의 상인을 군림할 수 있었던 저력은 '상인 재생산 시스템'에 있다. 수년에서 십수 년의 사환 생활을 통해서 능력 있고 성실하고 신뢰할 수 있는 완숙한 상인으로 거듭난 그들은 전국 어느 곳에 가서 장사하더라도 능력을 발휘할 수 있었다. 개항기에도 일제 강점기에도 개성상인의 '상인 재생산 시스템'은 견고하게 작동했다. 정치 권력에 큰 변화가 있어도 개성상인은 자신들만의 시스템에 의해 상인을 계속 배출했다. 양성된 상인은 독립 상인으로 장사를 시작하면서 상업적 전망이 있는 곳으로 진출했고 대다수는 성공을 거두었다. 개항기, 일제 강점기에도 개성상인이 세력을 유지할 수 있었던 동력이다. 전쟁으로 실향민이 된 개성상인도 마찬가지였다. 그들은 개성이 아닌 다른 지역에 가서 장사하는 것이 익숙했다. 월남해서 정착한 지역이 어디가 되었든 그곳은 그들에게는 지방 출상지가 된다. 분단으로 고향에 돌아갈 수 없다는 것만 빼면 지방 출상 상인으로서 활동하는 것은 동일했고, 그곳에서 성공하는 것도 익숙한 일이었다. 월남 개성인이 실향에도 불구하고 경제적으로 성공한 이들을 다수 배출할 수 있었던 배경이다. 월남 개성인 1세대는 '상인 재생산 시스템'에 의해 양성되거나 그 영향을 받아서 개성상인으로서 정체성을 지니고 경제 활동을 했다. 그들은 전통적인 의미의 개성상인이라고 할 수 있다. 그러나 그 2세들은 '상인 재생산 시스템'과 거의 관련이 없다. 그래서 현재는 개성상인은 존재하지만, 역사적 의미가 있는 개성상인은 사라졌다고 판단하는 것이다.

1

개성상인의 기원

태조 이성계의 한양 천도

개성인의 태조 이성계에 대한 반감

실학자로 유명한 성호 이익은 개성을 방문한 적이 있다. 그때 그는 개성 아이들이 조선 태조의 이름을 마구 부르는 것을 듣고 놀라서 기록으로 남겼다.

> 내가 이전에 송도를 지나는데, 마을 거리의 아이들이 아직도 태조가 왕이 되기 이전의 휘諱('성계'라는 이름)를 마구 불렀다. 이는 전 왕조(=고려)로부터 내려온 습속으로, 우리와는 원수가 되어 있기 때문이라고 생각하였다.[7]

성호 이익은 18세기 전반기에 활동한 인물이다. 위 일화도 18세기 전반기 개성 사회의 모습을 보여준다. 당시까지 개성에서는 아이들조차 조선 태조의 이름인 '이성계'를 그대로 부르고 있었던 것이다. 국왕의 이름은 함부로 부를 수 없는데, 개성에서는 그것이 지켜지지 않은 것이다. 개성 아이들이 그렇게 한 것은 어른들로부터 보고 배웠을 것이므로, 개성의 성인들도 태조를 본명 그대로 불렀을 것이다. 이익은 태조의 이름을 마구 부르는 습속이 고려 때부터 내려온 것으로 보았다. 개성인이 태조를 '이성계'라는 본명으로 부른 것은 그에 대한 반감이 강했기 때문이다. 위 일화뿐 아니라 개성 음식 중에는 태조 이성계의 이름이 들어간 것이 있는데, 그 명칭에서는 이성계에 대한 반감이 더욱 노골적으로 드러난다. 개성인은 왜 이성계에 대해 반감을 갖게 되었을까. 태조의 두 정책이 개성과 개성인에게 큰 불행을 초래했기 때문이라고 생각한다. 그 두 정책은 한양 천도와 개성에서 과거 금지였다. 개성인의 태조에 대한 반감은 개성상인의 기원과 직접 관련이 있으므로 이 두 정책을 자세히 살펴볼 필요가 있다.

우리 역사를 보면 수도를 옮긴 사례들이 있다. 대표적으로 고구려 장수왕이 국내성에서 평양으로 수도를 옮겼다. 백제도 한양에서 웅진(지금의 공주 지역)으로, 웅진에서 다시 사비(지금의 부여 지역)로 수도를 옮겼다. 이는 천도에 성공한 사례이다. 반면 통일신라 시대 신문왕은 수도를 경주에서 달구벌(지금의 대구 지역)로 옮기려고 했다. 그러나 귀족들의 반대가 심해서 천도하지 못했다. 고려 시대에도 묘청이 지금의 평양인 서경으로 수도를 옮겨야 한다고 주장하면서 반란까지 일으켰다. 그러나 실패했다. 고려 말에는 개경이 아닌 남경(지금의 서울)으로 수도를 옮기자는 여론이 있었다. 이 역시 실행되지 못했다. 천도가 쉬운 일이 아님을 알 수 있다.

조선을 세운 태조 이성계는 개성을 떠나서 한양으로 수도를 옮기는 천도를 성공적으로 완수했다. 그런데 한양 천도는 결코 쉬운 과정이 아니었다. 당시 사료를 보면 이성계를 제외한 거의 모든 사람이 한양 천도를 반대한 것 같다. 천도의 필요성을 역설하고 그것을 끝까지 밀어붙인 태조는 반대하는 신하들과 논쟁하면서 설득하였다. 또 천도에 미온적인 정종과 태종에게는 직접적으로 천도를 종용하면서 한양 천도를 완수할 수 있었다.

개성상인을 얘기하면서 한양 천도를 꺼낸 이유는 개성상인의 기원이 한양 천도와 그로 인한 개성 지역의 쇠락에 있다고 생각하기 때문이다. 또 개성인의 태조 이성계에 대한 반감을 이해하기 위해서도 한양 천도에서 태조 이성계가 한 역할을 정확히 이해할 필요가 있다. 개성상인은 한양 천도 이후 개성에 남은 사람들이 더 이상 수도가 아닌 환경에 맞춰서 활로를 타개하는 과정에서 등장했다고 할 수 있다.

태조 이성계의 한양 천도 단행

왕위에 오른 태조는 한 달도 안 된 시점에 한양 천도를 공식화했다.[8] 한양 천도에 대한 태조의 의지는 확고했다. 그가 내세운 명분은 새 왕조를 개창하면 당연히 수도를 옮긴다는 것이었다. 그리고

그림 2
조선 태조 이성계 영정,
국가유산청 국가유산포털에서 전재

개성의 지력이 다 해서 새 왕조의 수도로 적합하지 않다는 도참과 풍수지리적인 이유도 내세웠다.

　태조의 한양 천도 천명 이후 실제 천도까지 3년이 소요되었다. 지연된 이유는 태조를 제외한 거의 모든 사람들이 천도에 미온적이거나 반대했기 때문이다. 태조가 천도를 공식 천명한 초기에 신하들은 드러내놓고 반대하기보다는 충분히 준비한 후에 천도할 것을 요청하는 방식으로 천도를 지연시켰다. 사실 이 주장을 물리치기는 쉽지 않았다. 천도가 제기될 당시 한양은 궁궐이 조성되지 않았고 성곽도 완공되지 못했다. 신하들은 궁궐 등이 마련되지 않은 상황에서 천도하면 그곳 백성들에게 피해를 주게 될 것을 우려했다. 신하들은 궁궐과 성곽을 건축하고 각 관청도 배치한 후에 도읍을 옮

기자고 요청했다. 태조도 설득력이 있는 주장이므로 받아들였다.[9]

태조가 새 수도로 한양만 고집한 것은 아니다. 수도 이전 자체가 목적이었다. 권중화가 계룡산 도읍 지도를 바치자 태조는 계룡산을 수도 후보지로 적당한지를 확인하고 싶었다. 그래서 계룡산까지 직접 행차하기도 했다.[10] 태조의 행차에 고위 대신들이 따라갔다. 계룡산으로 가는 도중에 신하들이 천도를 반대하는 주장을 폈다. 태조는 불쾌해하면서 물러서지 않고 천도의 필요성을 역설했다. 이 일화를 통해서 천도에 대한 태조의 확고한 의지를 확인할 수 있다.

계룡산 근처까지 행차한 때였다. 아침 일찍 출발을 서두르는데, 도평의사사에서 현비(태조의 둘째 부인, 신덕왕후)가 병환이 나서 편치 못하고, 평주와 봉주 등지에서 초적이 발생했다는 보고를 올렸다. 도평의사사는 지금의 국무회의에 해당하므로 거기에서 올린 보고라면 신하들의 의견이라고 할 수 있다. 신하들은 수도 후보지를 살펴보기 위해 태조가 계룡산으로 행차한 상황에서 왕후가 병이 나는 등 안 좋은 일들이 거듭 발생하니, 이는 새 수도로 옮기는 것이 길하지 않다는 하늘의 뜻이므로 천도를 그만두자는 의견을 드러낸 것이다.

신하들의 저의를 간파하고 태조는 불편한 기색을 보였다. 태조는 천도를 포기할 마음이 없었다. 태조는, "도읍을 옮기는 일은 세가대족들(대대로 개성에서 부귀영화를 누려온 가문들)이 모두 싫어하는 바이므로 구실을 만들어 이를 중지시키려는 것이다. 재상들은 송경에 오랫동안 살아서 다른 곳으로 옮기기를 즐겨 하지 않으니, 도읍을 옮기는 일이 어찌 그들의 본뜻이겠는가?"라고 비판했다.

그러면서 태조는 천도의 명분과 필요성을 재차 강조했다. 그는 예로부터 왕조가 바뀌고 천명을 받은 군주는 반드시 도읍을 옮기게 마련이라고 하여 천도의 당위성을 강조했다. 그리고 친히 계룡산까지 행차해서 도읍지를 살펴보는 이유를 밝혔다. 그것은 자신이 재임하는 기간에 새 도읍지를 결정해야지, 만약 후임 국왕에게 천도 임무를 넘기면 대신들의 반대가 강해서 결국 천도를 포기하게 될 것이라고 우려했다. 신하들의 반대가 표출되었지만, 태조는 계룡산에서 며칠 머무르면서 도읍지로 적당한지 지세를 살펴보고 바로 도읍 건설을 명령했다.[11]

계룡산 도읍 건설은 10개월이 안 되어서 중지되었다. 경기 좌·우도 도관찰사를 맡고 있던 하륜이 계룡산이 새로운 도읍지로 적당하지 않다고 반대한 것이다. 그는 도읍이라면 마땅히 나라의 중앙에 있어야 하는데, 계룡산은 남쪽에 치우쳐 있어서 도읍지로 적당하지 않고, 풍수적으로도 좋지 않다고 주장했다. 그는 계룡산의 산세와 물의 흐름이 왕조를 오래 유지하지 못하고 패망케 할 땅이라고도 말했다.

하륜의 의견을 접한 태조는 고려 왕릉의 산수와 대조해 보도록 했다. 그 결과는 하륜의 말이 타당하다는 것이었다. 이에 태조는 계룡산에서 추진하던 도읍 건설을 그만두게 했다. 태조는 새로운 도읍지를 찾아야 했다. 그때 새 도읍 후보지로 부상한 곳이 서울의 무악(지금의 서대문구 신촌) 일대였다.

태조는 조준과 권중화 등에게 명해서 서운관 관리를 거느리고 가서 천도할 땅으로 적합한지 무악 남쪽을 살펴보게 했다.[12] 권중화와 조준은 무악 남쪽은 땅이 좁아서 도읍으로 적당하지 않다고 보고했다. 반면 하륜은 무악이 비록 좁은 듯 보이지만 송도와 비교하면 오히려 조금 넓은 편이고, 고려 왕조의 비록祕錄과 중국에서 활용하는 지리법과도 부합한다고 하면서 무악 천도를 찬성했다.

4개월 후에 서운관 관원들이 무악이 도읍지로 적당하지 않다는 의견을 냈다. 무악이 도읍지로 적합한지에 대한 의견이 일치하지 않자 태조는 재차 대신들에게 논의해서 결과를 아뢰도록 했다. 논의 결과는 새 도읍지로서 무악이 좋지 않다는 것이었다. 이에 태조는 새로운 도읍지를 찾도록 명했다.[13]

천도할 장소 선정이 지연되자 태조는 결국 무악을 살펴보기 위해 행차했다. 무악에서도 신하들은 태조에게 천도 반대 의견을 냈다. 서운관 관원들은 송도가 최고 명당이고 다음은 한양이라고 말했다. 태조에게 의견을 개진한 다섯 재상 중 세 명은 천도 자체를 반대했

다. 이에 태조는 언짢은 기색을 보이면서 소격전에서 의심을 해결하겠다고 하고 한양으로 행차했다.[14]

한양을 방문한 태조는 그곳에 남아 있는 고려 시대의 궁궐터를 살펴보고 산세를 관망한 후 서운관의 고위 관원들에게 도읍지로 어떠한지를 물었다. 그들은 송도가 최고 명당이지만, 다음은 한양이라고 답변했다. 태조는 기뻐하며 송도에도 부족한 것이 있을 것이라고 하면서, 한양은 조운하는 배가 통하고 나라 중앙에 있으니 백성들에게도 편리할 것이라고 말하고 흡족해하였다. 이어서 자초(무악대사)에게 의견을 구했다. 자초는 사면이 높고 수려하고 중앙이 평평하니 성을 쌓아 도읍을 정할 만하다고 말하면서도 여러 사람의 의견을 따라서 정할 것을 말했다. 여러 재상에게 의논하게 하니, 꼭 도읍을 옮기려면 이곳이 좋다는 답변을 들었다. 태조는 이러한 곡절을 거쳐서 전격적으로 한양을 새 도읍지로 결정했다.[15]

이렇게 해서 1394년 10월 25일에 새 도읍지인 한양으로 옮기는 천도를 단행했다. 태조는 대부분의 신하가 반대하는 상황에서도 천도를 추진하였다. 계룡산, 무악 등지도 새 도읍 후보지로 검토하는 과정을 거친 후 결국 한양을 도읍지로 결정하고 천도를 단행했다. 신하들의 반대하는 분위기 속에서도 그를 물리치면서 천도를 강력하게 밀어붙인 태조의 집념을 확인할 수 있다.

정종의 개경 환도와 태조의 설득

태조가 어렵게 한양 천도를 단행했지만, 정종은 즉위하고 6개월 정도 지나서 개성으로 되돌아갔다. 1399년 2월에 정종은 개성 근처에 있는 모친의 묘소인 제릉에 친히 제사하기 위해서 개성으로 가고 싶다고 했다. 신하들은 봄과 가을에 행차하는 것이 관행임을 들어 반대했다. 그러나 정종은 신하의 의견을 받아들이지 않고, 그날 바로 태조에게 어머니의 능에 행차를 아뢰고는 개성으로 떠났다.[16] 개성에 도착한 정종은 신하들에게, "고려 태조가 송도를 도읍으로 정한 것이 어찌 우연한 일이겠는가?"라고 말했다. 이는 개성으로 환도할 뜻을 내비친 것이었다.[17]

그림 3
〈수선전도〉, 서울대 규장각한국학연구원 소장

1. 개성상인의 기원

제릉 참배를 마치고 한양으로 돌아온 정종은 종실 친척과 공신들을 모아서 도읍 옮기는 것을 의논했다. 마침 서운관에서는 한양에서 재변이 여러 번 발생하니 임금은 마음을 닦으며 반성해야 변고를 없앨 수 있고 또 피방해야 한다고 말했다. 정종은 서운관의 보고를 종친과 여러 재상에게 보여주면서 피방 여부를 물으니 모두가 피방할 것을 말했다. 피방 장소를 물으니, 궁궐과 여러 신하의 집들이 모두 완전하게 남아 있는 개성을 추천했다. 이렇게 해서 피방을 명목으로 개성을 돌아가는 것이 결정되었다.

한양으로 옮겨와 살던 사람들은 개성으로 돌아간다는 말을 듣고 서로 기뻐하여 손에 손을 잡고 이고 지고 하여 길에 인파가 끊이지 않았다고 한다. 그래서 성문을 지켜서 그들을 제지하기도 했다.[18] 정종은 1399년 3월 13일에 개성으로 갔다. 공후는 모두 따라갔고, 각 관청의 경우 절반은 개성으로 함께 가고 절반은 한양에 남도록 했다.

거의 유일하게 한양 천도를 밀어붙여서 천도까지 단행한 태조는 왜 개성으로 돌아가는 것을 막지 않았을까. 그 이유는 한양으로 천도하고 나서 좋지 않은 일이 계속 발생했기 때문이었다. 한양에서 사랑하는 부인 신덕왕후를 잃었다. 또 1차 왕자의 난으로 세자로 책봉한 막내아들 이방석과 그의 동복형 이방번이 생을 마감했다. 한양으로 옮긴 후에 부인과 사랑하는 두 아들을 잃은 태조는 한양에 정을 붙이기도 힘들었을 것이다. 또 그런 비극이 발생한 한양을 길지라고 주장하기도 어려웠을 것이다. 그래서 개성으로 돌아가는 것을 받아들인 것 같다. 그리고 태조는 개성으로 돌아가는 것을 말 그대로 '피방'으로 생각했다. 어느 정도 마음과 상황이 안정이 되면 다시 한양으로 돌아간다는 확고한 의지를 갖고 있었다.

정종은 왜 개성 환도를 추진했을까. 한 연구에 의하면, 제1차 왕자의 난 이후 정치적 위기가 해소될 기미가 보이지 않자, 정종은 당시 지배층이 원하는 정책을 추진함으로써 국면을 전환할 필요를 느껴서 개성으로 환도했다고 보았다.[19]

정종은 종묘를 송도에 새로 지을 생각까지 했다. 이는 한양을 완전히 포기하고 개성을 다시 도읍으로 삼겠다는 의미였다. 그러자 이거이는 한양을 도읍으로 정한 것은 태조이고, 그곳에 종묘와 궁실이 모두 있는데 만약 그것을 옮기면 태조의 뜻을 잇는 도리가 아니라고 하면서 매번 대신을 보내 종묘에 제사할 것을 청했다. 정종도 아버지인 이성계가 온갖 어려움을 물리치면서 한양으로 천도한 뜻을 알기에 종묘 이전은 그만둘 수밖에 없었다.[20]

정종은 완전히 개성으로 환도하고 싶어 했다. 그렇지만 태조가 살아 있는 한 쉽게 결행할 수 없었다. 오히려 왕위에 오른 직후의 태종을 만난 태조는, 정종도 다시 한양으로 돌아갈 생각을 했다고 말했다. 이를 보면 태조가 한양으로 돌아가는 것을 정종에게 종용했음을 알 수 있다. 다만 정종은 재위 기간이 짧아서 한양 환도를 시행하지 못한 것으로 이해된다.

태조의 종용과 태종의 한양 환도

1400년 1월 28일에 제2차 왕자의 난이 발생했다.[21] 며칠 후 이방원은 왕세자로 책립되고 국사를 주도했다.[22] 그리고 11월 11일에 이방원은 왕위에 올랐다.[23] 태종이 즉위하던 날 태조 이성계는 오대산에 갔다가 돌아왔다. 태종은 직접 장단으로 태조를 맞이하러 갔다. 그곳에서 태종은 태조를 위해서 연향을 베풀었다.

이후 태조가 먼저 송도로 돌아왔고, 이어서 송도로 온 태종은 태조에게 문안하러 갔다. 그 자리에서 여러 대화가 오고 갔을 텐데, 지금 왕조실록에 전하는 내용은 한양 천도에 대한 것뿐이다. 태조는 국왕이 된 태종과의 대면에서 한양으로 돌아가는 문제를 꺼냈다. 태조에 의하면, 정종은 한양에 환도하여 태조 자신의 마음을 위로하고자 하였다는 것이다. 그러면서 태종도 자신의 한양 재천도 뜻을 받들 것인지를 물었다. 태종은 "어찌 감히 명령을 따르지 않겠습니까?"라고 하여 한양 환도를 약속했다. 그러자 태조는 태종에게 술을 따라주었다.[24] 태조가 한양 환도를 조건으로 태종의 왕위 계승을 인정해 주는 모습에서 그의 천도에 대한 의지가 얼마나 강렬했는지를 알 수 있다.

비정상적으로 왕위에 오른 정종과 태종은 천도에 강한 의지가 있었던 것 같지는 않지만, 태조와 관계를 개선하기 위해서는 태조의 뜻을 따르지 않을 수 없었다. 다만 태종은 태조에게 한양 재천도를 약속했지만, 실행까지는 4년 가까이 걸렸다. 여러 이유가 있지만 태종이 한양 환도에 적극적이지 않았던 것도 한 이유였다. 그런 태종을 다시 채근한 사람도 태조였다.

태종은 즉위하고 40여 일 정도 지나서 한양 환도의 이해를 신하들이 의논해서 보고하도록 명했다. 태조 때와 마찬가지로 의논이 분분해서 결정을 보지 못했다. 하륜은 계속해서 무악 천도를 주장했다. 태종은 새 수도 한양은 아버지 태조께서 창건한 땅임을 강조하면서 한양이 아닌 곳에 따로 또 도읍을 세워서 백성들을 수고롭게 할 수 없다고 하여 한양 천도 의지를 밝혔다.

태종은 즉위 2년째(1402)의 7월에도 신하들을 불러 신도인 한양으로 돌아가는 것이 타당한지 여부를 의논했다. 이때도 혹자는 개성에 그대로 있어야 한다고 말하고, 또 혹자는 도읍을 무악으로 옮겨야 된다고 말하여 의논이 분분했다. 한양은 태조가 창건한 땅이고 개성은 인심이 편안하게 여긴다고 하여 의견을 모으지 못했던 것이다.[25]

이후 2년간 천도 논의는 이루어지지 못한 것 같다. 천도 논의가 다시 수면으로 부상하고 전격적으로 한양 환도가 단행되는 때는 즉위 4년째인 1404년이었다. 그런데 태종이 다시 한양 환도를 꺼냈지만 신하들의 의견이 일치하지 않자, 태종은 오히려 개성도 또 하나의 수도로 공식 인정하는 양경 체제를 들고나왔다. 이를 받아들일 수 없는 태조는 태종에게 한양 환도를 재차 종용했고, 이에 태종이 전격적으로 한양 환도를 단행했다.

태종은 그해 7월에 의정부에 명해서 종친과 원로대신들을 모아 도읍에 관한 일을 의논하게 했다. 태종은 한양 환도의 당위성을 강조했다. 개성으로 이어移御한 것은 영원히 천도한 것이 아니라 일시의 피방이었다는 것이다. 그 증거로 종묘와 사직이 한양에 있음을 거론했다. 그런데 돌아가지 못하고 시간이 흘러 벌써 6년이 지났다고 하면서, 그즈음 천재지변과 지괴가 연이어 발생했는데, 이는 도읍이 정해지지 못하고 인심이 평안하지 못해서 그런 것이라고 했다.

그러면서 태종은 사람들이 오랫동안 개성에 살아서 당장 사는 곳에 만족하고 생업이 안정되어 있어서 천도하기 어려우니, 종묘와 사직을 개성으로 옮기는 것이 어떤지 의논해서 아뢰라고 했다.[26] 종실과 원로대신들은 개성으로 종묘를 옮겨오는 것이 좋다고 의견을 냈다. 결국 이때 태종은 한양은 태조가 창건한 땅이고 또 종묘가 있는 곳이니 혹 가기도 하고 혹 오기도 하여 양경 제도를 폐지하지 않을 것임을 밝혔다. 그리고 더 이상 의논하지 않겠다고 했다. 이를 보면 이때는 태종이 의정부 등의 의견을 수용해서 개성과 한양을 모두 도읍으로 활용하는 양경 체제에 손을 들어준 것 같다. 이는 완전한 한양 천도를 추진한 태조의 뜻에는 반하는 정책이었다.

8월 들어서 태종은 세자에게 명해서 한양에서 종묘에 배알하도록 하고 각 관청에서 1명씩 수종하도록 했다. 또 각 관청에서 1명씩을 한양에 나누어 보내서 관사를 수리하도록 했다.[27] 이처럼 태종이 한양을 포기하고 개성으로 완전히 환도하는 정책을 택하지는 않았지만, 그렇다고 한양 재천도를 강력하게 추진하지 않고 지지부진하였다. 그러자 이번에도 태조 이성계가 직접 나섰다. 태조는 태종에게 사람을 보내서 다음과 같이 말했다. 자신이 "한양 천도를 실행했던 만큼 천도하는 번거로움을 잘 알지만 개성은 왕씨의 구도이니 그대로 거주할 수 없다"라고 하면서, 태종이 다시 개성에 도읍하는 것은 시조인 태조의 뜻을 따르지 않는 것이라고 분명하게 못 박았다.

태조의 의중을 전달받은 태종은 다시 한양 재천도를 천명하고 추진했다. 태종은 의정부에 교지를 내려서, 한양은 태조가 창건한 땅이고 사직과 종묘가 있으니 오래 비워두고 거주하지 않으면 선조의 뜻을 계승하는 효도가 아니라고 하면서 내년 겨울에는 한양으로 옮겨 거주할 것이니 궁궐을 수리해야 한다고 말했다.[28] 이 글에서도 아버지의 뜻을 계승하는 효도를 언급하고 있다. 태조의 강력한 뜻을 거역하기 힘들었던 태종의 모습을 떠올릴 수 있다.

그런데 이때도 천도할 장소에 대해서 다시 의견이 분분하였다. 그러자 태종은 척전 즉 동전 던지기를 통해서 개성도 무악도 아닌 한양을 도읍으로 결정했다. 그 과정을 좀 더 자세히 보면, 태종은 자신이 개성에 있을 때 여러 번 수재와 한재의 변이 있어서 구언하였더니, 조준 등 신도로 환도하는 것이 마땅하다고 말하는 자가 많았다고 한다. 그런데 한양에서도 변고가 많아서 도읍을 정하지 못하고 있었다. 그로 인해 인심도 안정되지 못했다. 이런 상황에서 태종은 종묘에 들어가서 개성과 한양, 무악을 대상으로 동전 던지기를 하여 그 길흉에 따라 도읍을 정하겠다고 밝혔다. 그리고 도읍을 정한 뒤에는 비록 재변이 있더라도 이의가 있을 수 없다고, 이번 수도 결정이 최종적인 것임을 못 박았다. 동전 던지기 결과 한양이 도읍으로 결정됐다.[29] 태종은 1405년 10월이 되어서 한양으로 완전히 천도했다.

조선이 들어서고 새 수도로 한양이 최종 확정되기까지는 곡절과 어려움이 많았다. 태조 이성계를 제외한 모든 사람은 익숙한 개성을 계속 도읍으로 삼아도 문제 될 것이 없다고 생각했다. 정종과 태종도 천도에 대한 의지가 강하지 않았다. 그러나 태조는 개성으로

그림 4
익안대군 영정, 국가유산청 국가유산포털에서 전재

환도한 후에도 한양을 조선의 유일한 도읍으로 삼아야 한다는 생각을 확고히 갖고 있었다. 그래서 정종에게도, 태종에게도 한양 천도의 필요성을 강조하고 동의를 얻어냈다. 두 아들은 정상적으로 왕위에 오른 것이 아니어서 태조의 인정을 받는 것이 매우 중요했다. 태조는 이를 잘 알고 있었으므로 두 국왕에게 한양 천도를 압박했다. 이처럼 한양 천도는 거의 전적으로 태조의 강력한 의지와 추진력에 의해서 완수되었다고 해도 과언이 아니다. 한양 천도는 전적으로 이성계의 작품인 것이다.

천도 이후 개성의 쇠락과 인구 감소

 이성계 입장에서 천도는 왕실을 위한 훌륭한 결정이었다. 그러나 한양 천도로 인해 수도의 지위를 상실한 개성과 그곳에 살던 사람들에게는 결코 좋은 결정일 수 없었다. 수도의 지위를 상실한 구도는 수도로서 누렸던 번성과 영화를 유지하기는 불가능하다. 인구와 위세, 위상 하락은 쉽게 짐작할 수 있다. 개성도 예외일 수는 없다. 고려 수도였던 개성을 지방의 한 도시로 전락시킨 이성계에 대해서 개성에 남은 사람들은 어떠한 감정을 갖게 되었을까. 상식적으로 충분히 상상할 수 있는데, 개성의 위상 하락은 개성상인이 등장하게 된 직접적인 계기가 되므로, 이를 자세히 살펴볼 필요가 있다.
 개성의 위상 하락이 한양 천도 직후부터 급격히 진행된 것은 아니다. 국왕들의 정책에 따라서 개성의 위상은 큰 영향을 받았다. 태조부터 태종까지는 개성을 고려 수도로서 배려하는 정책을 취했다. 그래서 이 시기에는 구도의 면모를 어느 정도 유지할 수 있었다. 그러나 세종과 그 이후의 국왕들은 개성을 배려하는 정책이 축소되었다. 배려 정책이 약해지면서 결국 개성은 '구도'라고 부르지만 실제로는 그에 맞는 위상을 갖지 못한 지방의 한 고을로 쇠락해 갔다.

태조와 태종의 개성 배려 정책

태조 이성계는 한양 천도를 완수함으로써 개성의 위상에 큰 타격을 주었다. 또 개성에서는 과거도 금지해서 개성인에게 씻을 수 없는 실망과 좌절감을 안겼다. 개성인의 태조 이성계에 대한 반감은 대단히 컸다. 그럼에도 태조는 한양 천도 직후 개성을 배려하는 정책을 폈다. 한양으로 따라오지 않고 개성에 남은 사람들이 있고 그들의 반발을 조금이라도 완화하기 위함이었을 것이다.

태조가 수도의 지위를 상실한 개성을 배려한 정책으로는 개성을 '유후사'로 삼은 사실을 들 수 있다. 태조는 천도 이듬해인 1395년 6월에 개성부를 '개성유후사開城留後司'로 고치고 유후留後 1인, 부유수副留後 2인을 두었다. '유후'는 중국 당나라 이후의 관직명에는 없는 것이다. 물론 전혀 근거가 없는 관직도 아니다. 그 유래를 보면, 주나라 성왕成王이 섭정하던 주공周公이 물러나려고 하자 주공에게 명하여 '뒤에 머물면서[留後]' 낙양을 다스리게 한 데서 시작되었다.[30] 태조는 중국 역사에서도 훌륭한 통치자의 모범이고 성인으로까지 평가받는 주공과 관련된 '유후'의 명칭을 개성에 부여한 것이다. 이를 통해 천도로 인한 개성인의 반발을 무마해 보려고 했을 것이다.

태종은 개성의 행정 구역을 확대함으로써 배려하는 모습을 보였다. 개성 주위의 4개 현을 개성의 속현으로 삼은 것이다. 이에 더해서 개성 유후가 경기 감사를 겸임하는 정책도 시행했다. 이런 조치는 수도의 지위를 상실하였지만, 재정 부담이 여전히 컸던 개성을 배려한 정책이었다. 두 조치는 재정적으로 개성유후사에게 큰 도움이 되었다. 개성은 조선과 명의 사신이 왕래하는 사행로에 위치해서 사신들이 묵는 곳이었다. 사신들이 고을에 묵으면 그 고을이 제반 비용을 부담했다. 개성유후사도 사신을 응대해야 했고 그 비용 부담이 컸다. 그런데 개성유후사가 경기 감사를 겸임하면 경기도 내의 여러 군현에 그 비용을 분담할 수 있어서, 유후사의 부담을 줄일 수 있었다. 이 정책이 시행되던 동안 개성유후사에서 사신 응대와 관련한 폐단이 거의 없었다.[31]

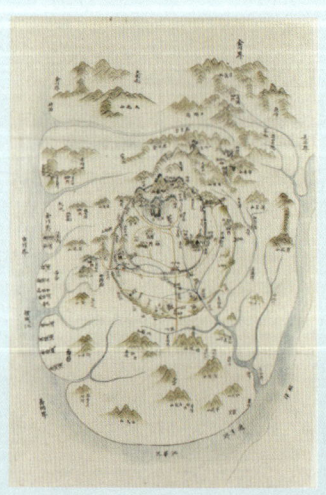

그림 5
〈개성전도〉, 서울대학교 규장각한국학연구원 소장

태종은 또 개성현·해풍현·덕수현·송림현의 4개 현을 개성유후사에 속하도록 했다. 이 조치는 개성의 식량난을 해결하는 데 크게 기여했다. 개성은 사면이 산으로 둘러싸인 분지 지형으로 그 내부 면적이 넓지 않다. 그래서 개성의 도성 안은 농지가 협소했다. 고려 수도였을 때는 전국의 물산이 모여들었으니 식량과 물자의 부족을 느낄 수 없었다. 그러나 천도 이후 물산 반입이 멈추고 이에 더해 개성 사람들이 과전科田을 받지도 못했기 때문에 한양 천도 이후 식량 부족은 개성유후사의 골칫거리였다. 천도하고 얼마 지나지 않은 1412년에 태종이 개성의 식량 기근을 걱정하면서 대책을 개성 유후에게 묻기도 했다.[32] 이런 상황에서 농지가 다소 있는 개성 인근 4개 현을 편입시켰으니 개성의 식량 문제 해결에 도움이 되었음은 말할 것도 없다.[33]

그런데 이 조치는 오래가지 못했다. 3년도 안 되어서 4개의 속현 중 세 곳이 제외되었다. 해풍현 출신 서울 양반들이 해풍현은 신의왕후의 묘소인 제릉이 있는 어향이므로 고을 위상을 높여도 부족한데 오히려 개성유후사에 소속시키고 고을 이름을 없앤 것은 부당하다고 주장했다. 그들은 덕수현을 해풍군에 소속시키고 고을 명칭도 회복시켜 줄 것까지 요청했다. 조정은 어향이라는 근거에 밀려서 해풍군을 독립시키고 덕수현까지 해풍군의 속현으로 삼았다. 그리고 송림현도 임단현에 소속시켰다. 그 결과 개성현만 개성유후사의 속현으로 남게 되었다. 그나마 개성유후사의 유후와 부유후 가운데 한 사람이 경기도 관찰사를 겸임하는 정책은 유지되어서 사신 응대 비용을 마련하는 데 큰 어려움은 발생하지 않았다.[34]

태종 대에는 고려의 궁궐과 주택들이 잘 보존되어 있었다. 그 건축물들을 실제로 활용할 수도 있어서 정종과 태종은 개성에 몇 개월씩 머물면서 국사를 보기도 했다. 앞서 보았듯이, 1399년에 정종이 개경으로 돌아갔는데, 그 명분은 피방避方이었다. 피방 장소로 개성이 선택된 이유는 궁궐과 여러 신하의 주택이 완전하게 남아 있었기 때문이다.[35]

태종도 두 차례에 걸쳐 개성에서 5개월 정도 머무르면서 국사를 봤다. 태종의 첫 번째 개성 이어는 재천도 5년 만인 1410년 9월에 있었다. 이때에도 이어 명분은 피방이었다. 신하들은 피방을 개성에서 할 것이 아니라 도성 내에서 할 것을 아뢰었지만,[36] 태종은 그 요청을 받아들이지 않고 개성유후사로 거둥했다. 이때 각 관청을 절반으로 나눠서 그 반은 태종을 따라 개성으로 옮겨갔다.[37] 태종은 당시 개성에서 5개월 정도 머물면서 정무를 보았다.[38]

태종은 재임 마지막 해인 1418년 2월에도 개성으로 이어하고 대략 5개월 정도 머물면서 정무를 보았다. 당시 이어 명분은 넷째 아들이 죽자 애통하고 울울하게 맺힌 정을 씻기 위함이라고 했다.[39] 태종은 이때 태조의 잠저인 목청전에 건축물을 지었다.[40] 개인적인 불행이 개성 이어에 영향을 미쳤지만, 2차 이어 기간에 중요한 결정이 있어서 주목된다. 그것은 세자를 전격적으로 교체해서 충녕대군을 세자로 삼고 이어서 바로 그 세자에게 왕위를 물려준 것이다.[41] 태종은 2차 이어 기간에 전격적인 후계자 교체를 단행한 것이다.

이처럼 태종도 개성에서 5개월가량 머물면서 국정을 운영했는데, 이는 당시까지 개성의 제반 시설이 수도로서 면모를 유지하고 있었기에 가능했다. 태종 대까지 개성은 국왕과 대소 신료가 장기간 머무르면서 정무를 볼 수 있을 정도로 궁궐과 관청이 남아 있었고, 구도로서 면모도 유지하고 있었음을 알 수 있다.[42]

세종 대의 개성 배려 정책 축소

세종 이후 국왕들은 개성 배려 정책들을 축소하거나 폐지했다. 그에 따라 옛 수도로서의 위상을 잃은 개성은 쇠잔해 갔다.

세종은 1423년에 개성 유후의 경기도 관찰사 겸임을 폐지했다.[43] 이제 개성유후사는 개성현만을 속현으로 거느리게 되었다. 개성유후사의 재정 부담이 가중됨은 말할 것도 없고 그 피해는 개성 사람들에게 전가되었다. 개성유후사는 사신 응대 비용 마련이 어렵게 되자, 시장에서 필요한 물건을 구매하면서 정상 가격보다 적게 지불했다. 싼값에 물건을 관청에 넘겨야 했던 상인들은 경제적인 손실을 보았다. 고통을 감당할 수 없었던 그들은 집을 버리고 다른 곳으로 이주해 버려서 문제가 되었다.

이 문제는 1426년에 개성유후사의 요청에 따라서 해풍현과 덕수현을 이전처럼 개성에 합속시키고 경기 감사 역시 개성 유후가 겸임하도록 해서 해결되었다.[44] 3년 만에 시정되었다. 그런데 개성을 재정적으로 곤경에 빠뜨릴 것이 분명한 정책을 시행한 것을 보면 세종과 신하들의 개성에 대한 인식이 이전 시기와는 다름을 짐작할 수 있다.[45]

1438년에는 개성의 지위 격하와 관련하여 상징적인 초지가 취해졌다. 개성의 행정기구와 수령의 명칭을 바꾼 것이다. 개성유후사는 개성부로, 유후와 부유후는 유수와 부유수로 개칭되었다. 실록에는 그 이유가 설명되어 있다. 옛날 문헌 어디에도 '유후'라는 관직을 둔 일이 없고, 당과 송의 제도에 의하면 동도東都, 동경東京 등 별도의 도읍에 둔 것은 유수留守였으니 문헌에 근거가 없는 유후사를 없애서 개성유후사는 개성부로, 유후는 유수로 고친다는 것이다.[46]

이는 단순한 명칭 변경에 그치는 문제가 아니었다. 유후사와 유후란 명칭은 주나라 문공의 일화에서 가져온 것으로, 태조는 그 일화를 끌어들여 개성을 우대하는 모습을 보이고자 했다. 태종까지 그 뜻을 이어받았다. 그러나 세종은 달랐다. 배려의 뜻에서 부여한 명칭을 폐기하고 일반적인 행정 명칭으로 바꾼 것이다.

1439년에는 보충 갑사甲士를 선발할 때 개성 사람을 특별히 배려하던 조치를 철폐했다. 당시까지 개성 사람들은 서울 사람의 예에 의하여 갑사 벼슬을 제수받았다. 반면 개성보다 서울에 가까운 고을 사람들은 매년 봄과 가을에 보충 갑사 시재試才 때 세 차례 중에서 1등이 되는 사람이라야 벼슬을 제수했다. 그런데 이때가 되면 서울과의 거리가 기준이 되어 개성보다 가까운 곳도 특별 대우하지 않는다는 것을 근거로 개성 사람에게 서울의 예를 적용하지 않도록 했다. 대신 경기도 관찰사와 개성 유수 등이 시험을 보아 선발하도록 하였다.[47]

보충 갑사 선발 시에 서울의 예를 개성에 적용한 것은 구도 백성을 배려해서였다. 그런데 1439년이 되면 배려 분위기는 약화하고, 개성인에게 부여한 특례를 폐지했다. 이처럼 세종 재임 중반이 지나면서 개성은 구도가 아닌 일반 행정 구역으로 인식되었고 기존의 배려 정책들이 하나둘씩 약화하거나 폐지되었다.

세종 대 개성에 대한 정책은 국왕의 의지가 반영된 것 같다. 세종은 개성을 배려할 필요성을 거의 느끼지 않은 것 같다. 다음 일화를 통해서 이를 확인할 수 있다. 우선 1438년 개성유후사를 개성부로 개칭한 시기가 절묘하다. 관직 개칭 날짜는 1438년 10월 15일이었다. 그런데 그 바로 전날 세종은 친할머니의 묘소인 제릉에 성묘하고 서울로 돌아왔다. 세종의 선대 국왕도 그렇고 이후 국왕들도 그렇고, 제릉에 성묘를 하러 가면 대부분 개성에 머물렀다. 그런데 세종은 목청전에 참배하러 가면서 송도를 지나쳤을 뿐 유숙하지 않고 바로 돌아왔다. 또 개성 인민을 위로하는 어떠한 조치도 취하지 않았다.[48] 다른 국왕들과 비교하면 매우 이례적인 행보이다. 오히려 개성에서 서울로 돌아온 다음 날 개성유후사를 개성부로 바꿨다.

비슷한 사례는 또 있다. 1445년 신하들이 세종에게 개성으로 행차할 것을 청했다. 신하들은 예부터 제왕이 모두 두 곳에 서울을 둔 것은 순행巡幸을 예비하는 것이고 더구나 개성은 선조가 왕업을 일으킨 땅이고 또 한양과 거리가 멀지 않으니 개성으로 행차하기를 청한 것이다. 그런데 세종은 수용하지 않았다.[49] 이는 정종이 개성으로 환도하고, 태조와 정종이 왕위에서 물러난 후 개성에 오랫동안 머물고, 아버지 태종이 두 차례나 개성에 이어하여 5개월씩 정무를 본 일과는 대비되는 모습이 아닐 수 없다.

세종 대 정부의 개성에 대한 정책, 세종의 개성에 대한 자세 등을 보면 국왕과 신하들은 개성 인심을 무마해야 한다는 부담이 없었던 것 같다. 그들은 구도로서 개성을 배려하지 않고 일반적인 행정 구역으로 인식했고, 실제로 그러한 입장에서 정책을 추진했다. 개성에 대한 정책이 바뀌면서 개성은 구도로서 번성했던 모습을 잃어 갔다.

세종 대 이후 개성의 위상 하락과 쇠잔

세종 이후에도 개성의 위상을 격하시키는 관제 개편이 있었다. 1463년에 개성부 유수의 서차序次가 한 계단 강등되었다. 원래 개성 유수는 판한성判漢城(한성부 책임자) 아래 직급으로 정2품이었다. 그런데 이 무렵 품계가 가정嘉靖 이하인 자도 개성 유수로 임명하는 것을 허락했다. 가정대부는 종2품에 해당한다. 이는 종2품도 정2품 관직인 개성 유수에 임명될 수 있음을 의미한다. 종2품 가정 이하 유수는 서차를 한성 부윤 아래 두었다.[50] 이전까지 개성 유수는 한성부 판윤과 같은 정2품이었고 서열만 아래였다. 그런데 1460년대가 되면 개성을 형식적으로 한양과 비슷하게 대우하던 방침을 철회하고 한양보다 서열을 한 등급 내린 것이다.

개성의 지위 격하는 서차 강등으로 끝나지 않았다. 2년 후인 1465년에는 중앙 관서로 대우하던 개성부를 지방 관아로 편제했다.[51] 그리고 지방 관아로 삼은 후속 대책으로 개성부에 토관土官을 설치하였다.[52] 이 조치는 몇 년 안 되어서 다시 개성유수부를 복설

하고, 또 경기도 관찰사로 유수를 겸임하게 했고, 토관도 혁파했다. 개성부를 다시 중앙 관서로 삼은 것이다.[53] 경관으로 복구되었지만, 일시 지방 관아로 편제한 사실은 국왕과 조정 대신들이 개성을 지방의 한 고을로 인식했음을 보여준다. 개성에 대한 일련의 행정 개편은 개성의 위상 하락을 보여준다.[54]

위상이 하락한 개성의 모습은 어떻게 바뀌었을까. 그 일면을 볼 수 있는 기록이 있다. 15세기 후반에 개성을 유람한 지식인들이 도읍의 면모를 잃은 개성의 모습을 기록으로 남긴 것이다.

> (상략) 수창궁으로 갔다. 수창궁은 [고려 시대] 성종과 목종 연간에 건립되었는데, 서로 얽힌 채 늘어서 있던 복층의 누각들과 복도로 둘러친 전각들은 모두 사라지고 없었다. 겨우 남아 있는 후궁은 개성부의 의창으로 사용되고 있다. 용이 그려진 계단과 꽃 그림이 있는 주춧돌도 우거진 풀 속에 묻혀 있다.[55]

화원은 공민왕 23년에 세웠다. 팔각전에 있는 옥좌에는 먼지가 뽀얗게 끼었고, 창살에는 거미줄이 얽혀 있었다. 팔

그림 6
개성 만월대 회경전, 국립중앙박물관 소장, e뮤지엄에서 전재

각전 뒤에는 괴석으로 산을 만들어 놓고 진기한 꽃들을 돌 틈에 가득 심어 놓았다. 이는 우왕이 임금 자리를 도적질한 10여 년 동안 즐기던 풍경이건만, 지금은 민가가 되어 사라져 버렸다. (중략) 태묘동에 들어가 포은 정몽주의 옛집을 찾았다. 뜰에는 풀이 우거져 있고, 빈터만 남은 집은 이제 절집이 되었다.[56]

남대문으로 들어가 수창궁을 구경했다. 수창궁은 공민왕이 남쪽으로 몽진한 이후에 세운 것이다. 그러나 지금은 창고로 쓰고 있다. (중략) 동구에서 동쪽으로 가면 조준의 옛집이 있다. 서쪽 편에는 고려조의 시인 허금의 옛집이 있다. 그러나 모두 다 폐허가 되었다. (중략) 태평관을 지나 동쪽으로 가다가 작은 마을로 들어갔다. 남재의 옛터이다. 집터는 지금 농부들이 경작하는 밭이 되었다. (중략) 남재의 집 아래 하륜 선생의 옛터가 있었다. 남쪽의 언덕 뒤에는 김사형의 집터가 있었다. 그러나 지금은 모두 밭이 되었다.[57]

한양 천도 이후 70~80년 정도 지난 개성의 모습은 이러했다. 궁궐들은 제대로 관리가 되지 않아 퇴락했고, 심지어 창고로 사용되었다. 고려 말 조선 초의 저명한 관료들인 정몽주, 하륜, 김사형 등의 집은 절집이 되었거나 밭으로 바뀌어 있었다. 고려 수도로서 개성의 영화를 바랄 수는 없지만, 고려의 수도였던 개성은 이즈음 구도의 모습은 찾아보기 힘들고 조잔한 풍경을 지닌 곳으로 바뀌어 있었다.

개성의 인구 감소

한양 천도로 수도의 지위를 상실한 개성이 예전의 영화와 번성을 누리기는 불가능했다. 위상과 위세의 하락은 불가피했다. 앞서 보았듯이, 세종 대 중반 이후 개성은 빠르게 옛날의 명성을 잃어갔다. 위상과 위세만 하락한 것이 아니었다. 더 이상 수도가 아닌 개성에 살기가 힘들다고 판단한 많은 사람들이 개성을 떠났다.

여말선초의 격변기를 살던 개성 사람들은 선택의 기로에 섰다. 당시 그들 앞에 놓인 선택지는 크게 넷이었을 것이다. 고려 왕조에 끝까지 절의를 지키고 그 대가로 죽임을 당하거나, 신왕조를 받아들일 수 없어서 토지가 있는 고향으로 낙향하거나, 신왕조를 따라 개성을 떠나 한양으로 이주하거나, 아니면 한양 천도 이후에도 개성에 그대로 남아서 살거나. 마지막 경우를 제외한 앞의 세 경우는 개성의 인구 감소를 초래했다.

절의를 지키다가 죽임을 당한 사람들이 있었다. 많이 알려진 인물로는 정몽주를 꼽을 수 있다. 정몽주 외에도 왕조 교체기에 죽임을 당한 사람이 적지 않다. 태조 즉위 직후에 고려 말에 도당을 결성해서 반란을 도모한 죄로 56명을 곤장 때리고 유배형에 처했다.[58] 그런데 그들 가운데 이종학, 최을의, 우홍소, 이숭인, 김진양, 우홍명, 이학, 우홍득 등 8명이 유배지에서 죽었다.[59] 실록에서는 그들의 죽음이 정도전의 개인적인 원한에 의한 것이고, 태조는 너그럽게 포용하려고 했음을 강조한다. 그러나 기존 연구에서도 주장하듯이,

이는 후대의 윤색으로 보이며 태조를 비롯한 건국 세력의 반대 세력 제거로 보아야 할 것이다.[60]

고려 왕족이었던 왕씨들도 죽음을 피해 갈 수 없었다. 처음에 태조는 고려 왕족을 포용하는 정책을 펼쳤다. 그래서 그들 중에서 두 사람을 뽑아서 조상 제사를 받들도록 했다. 다른 왕씨들은 거제도 등지로 유배 보냈지만, 얼마 지나지 않아서 육지로 돌아와 살 수 있도록 배려했다. 그러나 태조를 비롯한 건국 세력의 고려 왕실에 대한 배려는 오래가지 못했다. 왕씨가 살아 있을 경우 발생할지도 모르는 반란을 우려하여 왕씨 일족을 몰살했다. 이처럼 여말선초 정권 교체기에 개성에 살던 사람들 가운데 고려 왕족이나 조선 건국을 반대한 지식인·관료들 중 일부가 죽임을 당했다.

낙향을 선택한 이들도 있었다. 길재가 대표적이고, 원천석도 유명하다. 이들 외에도 고향에 농지 등을 소유해서 고향에서 생활하는 데 어려움이 없었던 사람들은 낙향을 선택했다. 당시 기록에서도 낙향과 관련된 내용을 찾을 수 있다. 1429년 개성 유후의 보고에 의하면 그때도 개성을 떠나는 사람들이 있었는데, 그들이 이주하는 곳은 고향과 서울이었다. 고향으로 가는 이유는 농사를 짓기 위함이었다.[61] 그들은 고향에 농지를 소유하고 있어서 낙향을 선택할 수 있었다.

그림 7
개성 숭양서원 정몽주 영정,
국립중앙박물관 소장, e뮤지엄에서 전재

새 도읍인 한양으로 옮겨간 사람도 많았다. 태종은 한양이 도성으로서 면모를 빠르게 완비하기 위해서 개성의 부유하고 큰 상인들(부상대고)들을 이주시켰다. 또 개성 상업을 위축시키기 위해서 개성에서 시장 여는 것을 금지하기도 했다.[62] 이러한 강제성을 띤 조치 속에 개성의 부상대고들이 한양으로 이주해야 했다. 태종은 "고려의 거가대실巨家大室은 모두 우리 왕실을 신하로서 섬겼다."라고 말했다.[63] 이는 적지 않은 고려의 관료들이 새 왕조를 따라 한양으로 옮겨 갔음을 뜻한다. 이처럼 한양으로 옮겨간 사람은 많았다.

1420년대 이후에는 개성의 위상 하락과 맞물려 개성에서 사는 것이 불편하게 되자 떠나는 이들이 있었다. 1426년 정부는 개성 유후의 경기 감사 겸임을 폐지한 일이 있다. 그 영향으로 사신 접대 비용을 마련하는 일이 힘들게 되자 시장의 상인들로부터 물건을 싼 가격에 구매한 일이 있다. 당시 그 고통을 감당하지 못한 상인들이 집을 버리고 개성을 떠났다.[64]

1429년에도 개성 유후는 개성 인구가 날로 감소하고 있음을 아뢰면서, 개성을 떠난 사람들의 거취에 대해 언급하였다. 그에 의하면 "개성을 떠난 사람들은 농사를 지으러 고향으로 돌아가거나 혹은 벼슬하러 서울로 올라갔다."라고 한다.[65] 전자는 낙향을 의미하고, 후자는 새 왕조를 받아들인 사람들의 선택이었다. 유후의 거듭된 보고를 접한 세종은 "개성은 비었다."라고 말하였다.[66] 이처럼 1420년대에도 개성 사람들 가운데 일부는 다른 곳으로 이주했다.

이러한 과정을 거치면서 개성의 인구가 크게 감소하였다. 그 연장선상에서 1450년대가 되면 개성부는 세력이 조잔한 곳으로 인식되었다. 1452년에 의정부에서는 개성부 축성과 염초 굽는 일 등을 정지시킬 것을 아뢰었다. 그 이유는 그 무렵 개성부에 사는 사람들이 떠나버려서 조잔해졌기 때문이었다.[67] 1450년대에도 인구 유출이 있고 개성의 위세는 더 위축되었음을 알 수 있다.

1492년에도 개성은 쇠잔한 곳이라는 기록이 있다. 개성부에는 다른 도의 백성 100여 호가 와서 살고 있었다. 그들을 고향으로 되돌려 보내야 하는지를 두고 조정에서 논의했다. 쇄환에 소극적인 대신들이 있었다. 그들은 개성으로 와서 사는 이들을 원래 고향으로 돌려보내지 않아도 된다는 의견을 제시했다. 그들이 내세운 근거는, '개성이 옛날보다 적다.' '개성부는 인구가 점점 줄어들고 있다.' '개성은 구도로서 쇠잔하게 해서는 안 된다.'라는 것이었다.[68] 대신들이 내세운 근거를 정리하면, 개성의 인구가 줄어들어서 구도로서 면모를 잃고 쇠잔해져서 그대로 두어서는 안 되고 되살릴 방도를 찾아야 하는데 개성으로 옮겨온 이들을 개성에 살게 해서 인구 증가를 도모하자는 것이었다. 15세기 초부터 개성 인구가 감소하고 위상도 위축되고 있었는데, 15세기 후반이 되면 조정에서 우려할 정도로 조잔한 고을이 되었다.

그럼 당시 개성 인구는 어느 정도로 줄어들었을까. 이를 추정한 연구가 있어서 참고할 수 있다.[69] 1453년(단종 2)에 개수된 『세종실록지리지』에 따르면 개성의 호구는 4,819호에 인구가 8,372명이었다. 『지리지』에 수록된 인구는 실제 총인구가 아니라 남정男丁의 수였다. 개성의 인구 8,372명 역시 장년의 남자 수이다. 장년 여성도 비슷한 숫자라고 가정하면 장년의 남녀 수는 대략 16,744명이 될 것이다. 조선 전기 장년 인구가 총인구의 60% 정도였다는 기존 연구를 따르면 개성의 실제 인구는 대략 27,907명이 된다. 속현인 개성현의 호구 844호에 2,021명을 포함하여 계산하면 개성부의 인구는 대략 34,643명으로 3만 명을 웃돌게 된다.

그 연구는 다른 방식으로도 개성 인구를 추정했다. 1428년 무렵 한양의 호구는 16,921호에 인구는 103,328명이었다. 이때의 인구는 『지리지』에서 장년 남성 수만 기록한 것과는 달리 총인구로 추정된다. 그렇다면 당시 도성의 호당 평균 인구는 6.1명이라는 계산이 나온다. 이를 『지리지』의 개성 호수 4,819호에 대입하면 세종 대 개성 인구는 28,914명으로 추정된다. 앞의 추산과 비슷한 결과이다. 이렇게 보면 15세기 개성 인구는 대략 3만 명 내외로 추산해도 무리는 아닐 것 같다. 당시 개성은 한양 도성을 제외하면 가장 큰 도시였다고 한다.

1648년에 김육이 편찬한 『송도지』에는 양란 직후 개성의 조잔을 언급하면서 개성부의 호수를 1,200호, 그중 장년 남성이 없는 독년호가 380호에 이른다고 기록되어 있다. 그런데 1782년에 증보된 『송도지』에는 1648년의 『송도지』에 기록된 호구 관련 내용을 정리하면서 개성의 호구 수를 6천여 호로 바로잡고 있다. 이를 보면 1648년의 『송도지』에 수록된 1,200호는 양란 직후의 일시적 상황이고, 17세기 전반 개성의 호수는 대략 6천여 호였음을 짐작할 수 있

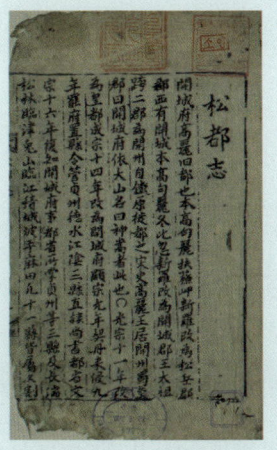

그림 8

『송도지』, 국립중앙도서관 소장

다. 앞의 호당 인구를 6명으로 가정하면 17세기 개성 인구는 대략 3만 6천여 명이 될 것이다.

반면 고려 수도였을 당시인 13세기 개성의 호수는 10만 호에 이르렀다고 한다.[70] 고려시대 10만 호에 이르던 개성의 호수가 한양 천도 이후 30여 년 만에 5천 호도 안 되는 규모로 급격히 감소한 것이다. 반면 한양의 인구는 1409년에는 11,056호, 1428년에는 18,522호,[71] 그리고 『지리지』에서는 17,015호로 기록되어 있다.[72] 개성 인구의 감소와 반비례하여 한양의 인구는 빠르게 증가하였다. 그 결과 1430년 전후한 시기가 되면,[73] 한양의 호수는 개성보다 3.5배 정도 많게 되었다.[74]

개성에서 과거 금지와 정치적 차별

정거령, 개성에서 과거 금지 명령

한양 천도 이후 개성은 위상도 추락하고 인구도 감소하면서 지방의 한 고을로 바뀌어간 사정은 앞서 살펴보았다. 그런 변화 속에서 개성에 살던 사람들은 새로운 환경에 맞춰서 새로운 삶의 방식과 생계 수단을 찾아야 했다. 그런데 개성인의 직업 선택을 제약한 큰 조처가 있었다. 그것은 정거령, 즉 개성에서 과거를 금지한 것이다. 이는 개성인이 과거에 합격해서 관료가 될 수 있는 길을 차단했다. 정거령으로 인해 개성인이 느꼈을 좌절과 태조 이성계에 대한 분노는 충분히 짐작할 수 있다. 이 조치로 인해 개성인은 '사농공상' 중에서 '사'의 길을 선택할 수 없었다. 정거령은 한양 천도와 함께 개성상인의 기원과 정체성 형성에 지대한 영향을 끼쳤으므로 자세히 살펴볼 필요가 있다.

남아 있는 기록을 살펴보면 개성에서는 조선 건국 이후 70여 년간 과거가 시행되지 않았던 것으로 보인다. 그로 인해 그 시기에 개성에서만 살아서는 과거에 응시할 기회조차 가질 수 없었다. 물론 개성이 아닌 서울 등 다른 지역에서 시행하는 과거에 응시할 수는 있다. 그러나 개성에서 시행되는 과거에만 응시하기로 했다면 그 기회가 없었다. 과거 금지는 개성인에 대한 매우 심각한 차별이었다.

그럼 누가 언제 개성에서 과거 시행을 금지했을까. 당시 문헌에서는 이에 대한 기록을 찾을 수 없다. 다만 2백여 년 후의 자료에서 관련 내용이 보인다. 1648년에 개성 유수였던 김육이 편찬한 『송도지松都志』에 따르면, 태조는 친히 과거 시험장을 설치하고 (조선 건국에 반감을 가진 이들을) 지성으로 깨우쳐서 장차 조선에 대한 반항심을 씻어내고 그들을 수용하려 했다. 그러나 한 사람도 시험장에 들어온 자가 없었다. 이에 그들이 자신과 조선을 인정하지 않는다고 판단한 태조는 개성에서 과거를 금지했다는 것이다. 과거 금지는 70여 년이 지난 성종 대 비로소 해제되었다고 적고 있다.[75]

19세기 전반에 간행된 『중경지中京誌』에는 보다 자세한 내용이 실려 있다. 『중경지』에 따르면, 태조는 수창궁 화평전에서 즉위한 후 경덕궁에 친히 나와서 과거를 열었다. 이는 개성 인심을 위로하기 위함이었다. 그런데 응시자가 한 명도 없었다. 태조는 2년 후 한양으로 천도하면서 임진강 나루에서도 또 한 차례 과거를 시행했다. 그러나 이때도 응시하는 사람이 없었다. 이 두 사건 이후 태조는 개성에 남은 사람들에 대해 과거 금지 조처를 내렸다는 것이다.[76]

개성인에 대한 과거 시행 금지를 전하는 이 일화는 유명하다. 연구자들은 별다른 비판 없이 인용해 왔다. 그런데 이 일화가 기록된 시기는 임진왜란 이후이다. 『태조실록』 등 당대 사료에서는 개성에서 과거 시행을 금지했다는 내용을 찾을 수 없다. 이런 사실에 주목하여 위 일화의 신빙성에 의심을 표한 연구도 최근에 발표되었다. 그 논문은 이 전설이 실제 있었던 일을 구전한 것이 아니라 허구에 가까운 것으로 이해한다.[77]

그 연구는 태조 즉위 직후인 1393년에 조선 건국 후 처음으로 과거 시험이 정상적으로 시행되었고, 또 1393년과 1401년에도 과거 시험이 별다른 잡음 없이 시행된 사실에 주목한다. 『송도지』에 실린 기록에서는 과거를 보러 온 사람이 한 명도 없었다고 했지만, 그 시기에 과거는 정상적으로 치러진 사실을 주목한 것이다.

아울러 태조가 과거를 시행하면서 선발하려고 한 대상은 일반인이 아니라 성균관에 적을 두고 있던 태학생일 가능성이 크다고 보았다. 그래서 당시 태학생들의 동향도 고찰했다. 당시 태학생들이 고려 멸망과 조선 건국을 두고 단일한 입장이 아니었다. 그들 중에는 조선 건국에 미온적인 사람도 있었음을 확인한다. 그렇지만 조선 건국 이후에는 태조와 태종이 조선 건국에 반대한 사람들도 포용하는 정책을 펼친 점을 들어서 위의 전설은 사실이 아닐 가능성이 매우 크다고 판단했다.[78]

정거령이 시행되었다는 당시의 기록이 없어서 위 전설의 진위를 확인하기는 어렵다. 그런 만큼 비판적으로 사료에 접근해야 함을 재차 강조한 연구 성과는 의미가 크다. 그런데 구전의 진위와 상관없이 조선 건국 이후 80년 이상 개성에서 과거가 시행되지 않은 것은 사실로 보인다. 성종 대에 과거 금지가 철폐되었음을 짐작게 하는 기록이 있기 때문이다. 성종은 1474년 개성에 행차했다. 그때 개성 성균관에 들러서 그곳 유생들을 위로하고 유학을 권장하고 쌀과 옷감을 하사했다. 당시 유수는 이를 계기로 성종이 하사한 쌀과 옷감을 저축하여 유생들을 양성하는 밑천으로 삼았다. 그리고 조정에 청하여 따로 도회都會를 설치하고 거기에서 우등한 자 4인을 뽑아 바로 회시會試(세 차례의 과거 중 두 번째 시험)에 나가게 하였다.

그 이후에 부임한 유수 김영유는 1485년 무렵에 유생 중 문과·생원·진사에 합격한 이는 부역을 면제하는 조치를 윤허 받아 규정으로 삼았다. 이후 학자가 점점 일어나고 생원과 진사가 잇따라 나왔다고 한다.[79] 이런 기록들을 통해서 성종의 개성 행차가 개성에서 문풍을 일으키는 계기가 되었고 과거 금지 해제와도 관계가 있음을 짐작할 수 있다.

무엇보다도 『송도지』와 그 이후에 계속 편찬된 지방지에는 개성 출신 과거 합격자 명단이 수록되어 있는데, 거기에 수록된 개성 출신 과거 합격자는 1470년대를 전후하여 처음 등장한다. 김육의 『송도지』에는 문과와 사마시의 최초 합격자로 최세진[80]과 문치상이 각각 기록되어 있다. 왕조실록에 의하면 최세진이 과거에 합격한 해는 1510년이었다.[81] 또 문치상은 성종이 개성에 행차한 1474년에 병조로부터 직첩을 돌려받았다는 기록이 있다.[82] 이러한 기록들은 1470년대 이후 비로소 과거 합격자가 등장하였음을 보여준다. 이런 자료들을 보면 1470년대까지 개성에서 과거가 시행되지 않았고 개성인은 과거 응시 기회가 없었음을 충분히 짐작할 수 있다.[83]

정거령은 구도 개성의 위상과 개성인의 정체성에 큰 영향을 끼쳤다. 양반 중심 사회에서 과거 응시와 그를 통한 관직 진출이 불가능한 개성인은 조선 사회에서 주류에 편입될 가능성은 거의 없었다. 개성에 남은 사람들은 그전 신분이 어떠했든 한두 세대가 지나면서 평민화 하였다. 노사신은 개성 사람들의 그러한 지위 변화를 가식 없이 표현한 적이 있다.

> 개성부가 이름은 구도라고 하지만 양반 사대부는 모두 한양으로 옮겼고 그 자제가 남았지만 배우는 자가 매우 적어 외방의 한 고을에도 미치지 못한다.[84]

노사신은 글을 배우는 자가 매우 적고 따라서 과거 합격자도 거의 배출하지 못하는 개성은 비록 구도라고 하지만 그 위상은 과거 합격자를 배출하는 외방의 일반 고을보다 못하다고 인식했다. 노사신의 개성에 대한 인식을 당시 다수의 조정 관료들이 공유했을 것이다. 조정 대신들은 개성을 논할 때는 관례적으로 '구도'라고 말하지만, 실제로는 글을 배우는 자가 매우 적고 또 관료를 배출하지 못하는 개성을 여느 외방 고을보다도 못한 곳으로 인식했다.

정거령 폐지 이후에도 계속된 차별

성종 연간을 거치면서 개성 지역에 시행되던 과거 금지가 폐지되고 개성인 중에서 과거 합격자도 배출되기 시작했다. 그럼 개성인에 대한 차별은 사라졌을까? 개성 출신 과거 합격자가 배출되고 관직에도 임명되었지만, 초기에 그들이 관직 생활을 하면서 겪은 일들을 살펴보면 차별은 계속되었다고 할 수 있다.

한 연구에 의하면 조선시대 개성 출신 문과 합격자는 131명이었다. 과거 합격자를 다수 배출했음에도 차별을 받았다고 주장하는 이유는 무엇보다 승진에서 그들이 큰 제한을 받았기 때문이다. 131명의 합격자가 역임한 관직은 대부분 지방관에 그쳤다. 소수가 중앙 관직에 진출했지만 그 경우에도 최고 승진은 4품에 그쳤다. 국왕과 국정을 논할 수 있는 3품 이상인 당상관에 임명된 개성 출신 과거 합격자는 거의 없었다. 개성 출신 관료는 관직 생활 중 승진에서 분명한 차별을 받은 것이다.

개성인에 대한 정치적 차별은 승진 제한에 그치지 않았다. 그들의 출신이 문제가 되어 관직 임용에서 탈락하는 일도 잦았다. 개성 출신 최초의 문과 합격자로 기록된 최세진을 대동 찰방으로 임명하려고 했다. 그런데 반대하는 주장이 제기되었다. 반대 근거는 최세진이 가볍고 천박하다는 것이었다. 중종은 처음에는 그 건의를 거부했지만, 대간의 논박을 따라서 최세진은 대동 찰방에서 체직되었다.[85]

개성 출신으로 두 번째 문과 합격자인 김희성도 편견으로 관직 생활에서 어려움을 겪었다. 김희성을 영월 군수로 임용하려고 하였다. 그런데 반대 의견이 강해서 실현되지 않았다. 반대 이유는, 당시 영월 군수가 7개월 동안 셋이 잇달아 죽어서 관청 사무가 형편없이 되었고, 따라서 신임 영월 군수는 재간과 능력 있는 사람으로 임명해야 하는데, 김희성은 그 출신이 천한 상인과 관계되고 인물이 용렬하여 그 직임을 감당할 수 없다는 것이었다. 이번에도 중종은 이 주장을 받아들여서 김희성을 영월 군수로 임명하지 않았다. 반대 근거로 김희성이 천한 상인 출신임을 거론한 점이 눈길을 끈다. 김희성은 문과 합격으로 당당하게 관료가 되었지만 천한 상인 출신이라는 이유로 관직 생활에서 어려움을 겪었다.

개성 출신 세 번째 문과 합격자인 김자양도 정치적 차별의 희생양이 되었다. 김자양이 호조 정랑에 임명되었다. 그러자 사헌부가 임명을 반대했다. 그 주장을 보면, 낭관은 매우 중요한 자리인데 김자양은 문벌이 낮은 사람으로 호조 정랑이 되었으니, 명기를 중하게 여기고 조정을 높이는 뜻이 조금도 없다는 것이었다. 명종은 사헌부의 주장대로 김자양을 호조 정랑에서 체직시켰다.[86]

한세진도 마찬가지 이유로 체직되었다. 한세진을 호조 정랑에 임명하려 하자, 사간원에서 그의 본계가 미천하여 육조의 낭관에 맞지 않다고 반대하였다. 중종은 이를 받아들였다.[87] 김자양과 한세진의 사례를 보면 두 사람은 호조 정랑으로 삼으려고 했는데 사헌부와 사간원이 반대했다. 반대 근거는 그들이 미천한 출신이라는 것이다.

이처럼 개성 출신으로 초기에 문과에 합격하고 관직에 진출한 네 사람은 관직 생활 중에 비슷한 경험을 했다. 그들은 천한 상인 출신이고 문벌이 낮은 미천한 출신이라는 이유로 차별을 받았다. 과거 시행 이후 관직에 진출한 개성인 네 사람이 비슷한 경험을 했는데 이를 우연의 일치로 보기는 어렵다. 당시 조정 관료들은 개성 출신 관료를 동료가 아니라 자신들보다 격이 낮은 미천한 존재로 인식한 것이다. 개성인은 과거를 통해 관직 진출이 가능해졌지만 관직 생활 중에 임용 및 승진에서 또 다른 차별을 받았다.

관직에 진출한 개성인이 차별을 받았다는 것은 당시 개성인도 느끼고 있었다. 개성 출신으로 과거에 합격하고 장연 부사를 지낸 조신준은 다음과 같은 글을 남겼다.

> 비록 우리 조정이 참으로 어질고 은혜로우나, 한결같은 법을 적용하여 베어 없애고 등용하지 않는 일을 하지 않을 수 없었다. 백 년간 과거를 막은 것은 망한 나라의 원망하는 백성들을 보통 사람과 같이 대할 수 없었기 때문이다. 그런데 세월이 많이 지남에 따라 정도가 더욱 심하여져 도덕, 문장, 충효, 절의로 일세에 뛰어난 선비들이 대부분 다 하급 관직에 묻혀 한 가지도 그 뜻을 펴지 못하니 다른 것은 어찌 말하겠는가? 건국 초기에 법으로서 몰아 죽이고 금하고 억누른 것은 당시의 형세가 그러한 것이다. 그렇지만 이미 평정된 이후에 그들의 마음을 논하여 신하로서 충성을 보이는 자는 진실로 가상히 여겨 표창함이 그치지 않아야 할 것이다.[88]

조신준에 의하면 과거 금지가 해제된 이후에 개성에서는 뛰어난 인재들이 배출되었다. 그러나 그들이 하급 관직을 전전하면서 뜻을 펴지 못했다. 그는 개성인이 여전히 정치적 차별을 받고 있고, 심지어 과거 금지 해제 당시보다 그 정도가 더 심해졌다고 생각했다.

개성인에 대한 차별을 비판적으로 바라본 지식인도 있었다. 성호 이익은 개성인을 차별하지 말고 요직에도 등용할 것을 주장하였다.

> 송도 유민은 모두 왕씨를 위하여 절의를 지켜서 곤궁을 겪은 자의 후손들이다. 그 풍속의 항배를 지금까지도 더러 징험할 수 있다. 그런데 서울과 지척의 거리에 있으나 영화와 빈천이 판이하여 임진강이 문득 장벽이 되어버렸다. 이는 일을 잘 구처하지 못한 것이다. 그러므로 나는 지금의 급선무는 서북의 인재를 채택하여 적재적소에 등용하는 데 있다고 생각한다. 전조銓曹에 맡겨 하지 못하면 대신에게 맡기고, 대신에게 맡겨도 하지 못하면 임금이 몸소 발탁하여 먼 외방을 사대부의 고장으로 변화시킨다면 후일의 근심이 없게 될 것이다.[89]

성호 이익과 같은 생각을 지닌 사람이 당시에는 얼마나 있었을까. 개성인에 대한 차별이 바뀌지 않은 것을 보면 많지 않았음을 짐작할 수 있다.

개성인은 1470년대까지는 개성에서 과거가 시행되지 않아서 관직에 진출할 수 없었다. 이후 과거를 통한 관직 진출이 가능해졌지만, 관직 생활 중에 개성 출신이라는 이유로 차별을 받았다. 그러한 사정을 누구보다 잘 아는 개성인은 과거를 통한 관직 진출에는 관심이 적을 수밖에 없었다. 개성인은 과거 해제 이후에도 '사농공상' 중에서 '사'의 길을 선택하기는 쉽지 않았던 것이다.

개성의 입지와 농업의 불리함

'사농공상'이란 표현에는 당시 사람들의 직업에 대한 인식이 담겨 있다. 사람들이 선호하는 직업군을 앞에 배치하고 반대로 천시하던 직업은 뒤에 둔 것이다. 조선 사람 다수는 '사'가 되기를 가장 선망했다. 그런데 그 문을 통과하기 쉽지 않았다. '사'가 되는 가장 확실한 방법은 과거에 합격하여 관료가 되는 것이다. 과거에 합격하기 위해서는 십수 년을 학업에만 매진해야 했다. 생계 활동을 병행하면서 합격하기는 어려웠다. 과거를 준비하는 이들은 육체노동을 거의 하지 않았다. 청장년 남성이 생업에 종사하지 않고 공부에만 전념하기 위해서는 경제적 뒷받침이 필수였다. 과거 공부에 매진하기 위해서는 집안의 경제적 뒷받침이 매우 중요했는데, 당시 그런 경제적 부담을 감당할 수 있는 집안은 많지 않았다.

그래서 현실적으로 다수의 양인은 농민으로 살았다. 조선 정부는 농업을 '근본이 되는 직업'이란 의미에서 '본업本業'이라 했다. 농업을 국가 운영의 근본으로 삼은 것이다. 조선은 농업과 농민이 중심이 되는 사회인 농본 사회를 지향했다. 따라서 농민이 사회적으로 천시받을 일은 없었다.

반면 '사농공상'의 맨 마지막에 자리한 상업은 '본업'인 농업과 대비하여 '말업'이라 하여 천시하였다. 조선 정부는 상인을 부정적으로 인식했다. 그들은 상인을 농민과 달리 힘든 노동에 종사하지 않으면서 쉽게 벌어서 먹고사는 존재로 생각했다. 집권층은 상인이 증가하는 것을 경계했다. 상업과 상인이 천시받은 이유이다. 조선 사회의 분위기가 이러했으므로 개성에 남은 사람들도 '사'의 길을 포기한 후에는 '농업'에서 활로를 모색했을 것이다. 그런데 불행하게도 개성의 입지는 농업에 불리했다. 개성인은 농업을 생계 수단으로 삼기도 힘들었던 것이다.

개성은 사방이 크고 작은 산으로 둘러싸인 분지이고 그 내부 면적이 넓지 않다. 이러한 지형이 도읍으로서는 좋을 수 있다. 주변의 산이 천연의 방어막 역할을 하기 때문이다. 내부가 좁아서 농업 생산량이 적은 것도 도읍이면 문제가 되지 않았다. 도읍은 전국의 물산이 모여드는 곳이므로 물자의 부족을 느낄 일이 드물었다. 그리고 고려 수도 개성은 한양 천도 논의에서도 자주 언급되듯이, 풍수지리상으로 길지이며 도읍지로서 최적의 장소로 인식되었다.

그런데 한양 천도 이후 도읍의 지위를 상실하여 일개 지방 고을이 되었을 때 개성의 입지는 그곳 사람들이 활로를 제약하는 요인이 되었다. 좁은 분지 지형으로 인해 농지가 부족해서 농사로 살아

갈 수 있는 집안이 한정적일 수밖에 없었다. 이는 다수의 개성인이 농업에서도 활로를 찾기 어려웠음을 의미한다.

조선 초기 개성의 농지 면적은 어느 정도였을까. 속현을 포함하여 개성에 속한 농사 짓는 농지인 간전墾田은 『세종실록지리지』에 5,357결로 기록되었다. 그중 수전은 3/10에 불과했다. 이를 개성부의 호수와 비교하여 환산하면 1호당 평균 0.95결 정도가 된다. 당시 다른 지역의 호당 평균 간전 면적을 보면, 경기도가 9.6결, 충청도가 9.8결, 경상도가 7.1결, 전라도가 11.5결, 황해도가 4.5결 등이었다. 개성의 간적 면적이 매우 적음을 확연히 알 수 있다. 가장 큰 차이를 보이는 전라도와 비교하면 개성의 면적은 1/12에도 미치지 못했다.[90]

삼남 지역의 호구 수는 개성의 호구 수와 동일 기준에서 산출된 것이 아니었다. 위의 기록상 호구 수보다 실제로는 더 많았을 가능성이 크다. 따라서 삼남 지역의 간전 면적은 실제보다 과대평가되었을 것이다. 그럼에도 개성과 다른 지역의 면적 차이가 너무 커서 개성이 농지가 적은 곳임을 알 수 있다.

다른 자료를 보아도 상황은 비슷하다. 1648년 무렵 개성부의 토지는 밭이 1,400여 결이고, 논이 750여 결이었다. 이를 개성과 인구가 비슷한 공주와 비교해 보자. 1757년(영조 33)에 각 읍에서 편찬한 읍지를 모아 성책한 『여지도서』에서 공주와 개성의 토지를 비교하면, 공주의 경우 밭과 논을 모두 합한 면적이 22,423결(시기전 9,813결)이었다. 그에 비해 개성은 2,758결에 불과했다.[91]

1789년 『호구총수』에서 공주의 인구는 34,438명, 개성의 인구는 49,623명이었다. 개성의 인구는 공주에 비해 5천여 명 정도 많았다. 그렇지만 토지 면적을 계산하면 개성은 공주의 30%에 지나지 않았다. 개성이 인구에 비해서 농지가 매우 적은 고을이었음을 확인할 수 있다.

1648년에 편찬된 『송도지』에는 당시 개성의 농업 환경이 묘사되어 있다. 그 무렵 개성의 1인당 경지 면적은 1일경, 즉 하루면 경지를 모두 갈 수 있는 면적이 보통이었다. 더 적게 소유한 경우라면 오전경, 즉 오전 안에 경지를 모두 갈 수 있는 규모이거나 심지어 전조경朝前耕, 즉 아침에 밭갈이를 끝낼 수 있는 매우 적은 면적의 농지도 존재했다.

소유 농지가 적은데 더해서 토질은 매우 거칠었다. 그래서 곡물보다는 면화를 심기에 적합하였다. 개성부의 경작지는 나성 외부에 주로 위치했다. 그런데 그 농지도 대부분은 제용감, 장원서, 사포서司圃署 소유의 공전이었다. 이는 농지가 적은데 그 적은 농지도 대부분 공전이어서 개인 소유지는 적을 수밖에 없었다. 가난한 사람

그림 9
《해동지도》 송도, 서울대학교 규장각한국학연구원 소장

들은 공전 경작을 자신들의 가업으로 삼는 형편이었다. 이와 같은 좁은 토지에서 거두는 전세는 쌀과 콩을 합하여 470여 석에 지나지 않았다.[92] 수원의 전세 수입은 쌀과 콩을 합하여 총 2,000여 석이었다.[93] 전세의 경우 수원부의 23%에 불과했다.

이처럼 개성은 도읍지로서는 좋은 입지였을지 모르지만, 일반 고을로서는 농지가 부족한 곳이었다. 농업을 생계 수단으로 선택할 수 있는 개성인은 그 수가 적을 수밖에 없었다. 다수의 개성인은 농업을 선택하기도 힘들었던 것이다. 결국 그들에게 남은 선택지는 '공'과 '상' 즉 '수공업'과 '상업'이었다. 개성인은 그러한 숙명을 받아들여서 수공업과 상업 방면으로 진출하기 시작했다. 그렇게 그들은 상인이 되고 수공업자가 되어 생계를 도모했다. 개성인이 천시받던 상인이 될 수밖에 없었던 역사적 배경은 이러했다.

2

개성상인의 상업 전통

개성상인의 등장 시기

1450년대 무렵 등장한 개성상인

앞에서 개성인이 상인으로 나설 수밖에 없었던 역사적 배경을 살펴보았다. 고려 멸망과 조선 건국 그리고 이어지는 한양 천도로 개성은 수도의 지위를 상실했다. 이후 세월이 흐르면서 개성의 위상과 위세가 하락했다. 또 다양한 계기로 사람들이 개성을 떠나면서 인구도 크게 줄었다. 수십 년 사이에 개성에는 큰 변화가 있었다. 개성에 계속 남아서 살던 사람들과 그 후손들은 과거의 번성과 영화를 잃고 쇠락해 가는 개성의 모습을 지켜보면서 지방 도시로 전락한 개성에 맞는 삶의 방식과 생업을 찾아야 했다.

개성인은 과거 금지와 협소한 농지 면적으로 인해서 '사농공상' 중에서 '사'와 '농'은 선택하기 어려웠다. 그들이 선택할 수 있는 것은 '공'과 '상'이었다. 그러한 현실을 받아들이고 수공업과 상업에서 활로를 찾기 시작했다. 그렇다면 개성인이 상업으로 진출하기 시작한 시기는 언제였을까? 한양 천도 직후였을까 아니면 일정한 세월이 흐른 뒤였을까.

개성상인이 역사 무대에 등장한 시기는, 한양 천도 직후가 아니라 그로부터 한두 세대가 지난 15세기 중엽이었다고 생각한다. 개성상인의 등장 시기를 이렇게 보는 이유는 15세기 개성인의 생업을 언급한 자료를 검토해 보면 15세기 전반과 후반의 내용이 달라지기 때문이다. 15세기 전반 자료에서는 개성인의 직업으로 수공업과 상업을 언급하지 않았다. 그런데 15세기 중반 이후의 자료에서는 개성인의 직업을 언급할 때면 으레 그들이 상업에만 종사한다는 내용이 나온다. 같은 15세기 자료이지만 전반기와 후반기에 따라 개성인의 직업 관련 내용이 다른 것이다. 이런 기록의 변화를 주목하면 개성인이 15세기 중엽부터 상인으로 나섰다고 추정할 수 있다.

15세기 전반기 개성인의 동향과 직업을 논한 기록에서는 상공업에 대한 언급을 찾을 수 없다. 1426년의 한 기록에 따르면 당시 개성에 사는 사람들이 모두 서울의 군대와 각 관청의 아전에 속했다고 한다.[94] 1429년에는 개성 유후가 개성 인물이 날로 감소하고 있음을 아뢰면서 인구 감소 이유를 개성 내 인민이 농사를 지으러 고향으로 돌아가거나 혹은 벼슬하러 서울로 올라가기 때문이라고 지적했다.[95] 1452년의 기록도 있다. 흉년으로 개성부 성곽 수축을 연기할 것을 요청하면서, 의정부는 그렇게 해야 백성들이 편안하게 생업에 종사하고 농업에 힘쓸 수 있다고 말했다.[96]

15세기 전반 개성인의 동향과 생업을 논한 기록이 비록 적지만, 남아 있는 기록에 따르면 일부 개성인은 한양의 군인이나 아전으로 일하러 떠났다. 한양으로 완전히 천도해서 십수 년이 지난 1420년대에도 한양에서 군인이나 아전 혹은 벼슬자리를 구해서 이주하는 개성인들 있었던 것이다. 또 다른 개성인은 농사를 짓기 위해 낙향을 선택했다. 개성을 떠난 이들은 개성에서 마땅한 생업을 찾기 힘들어서 떠났음은 말할 필요도 없다. 그들은 '사'와 '농'을 선택하기 힘든 개성 지역의 상황을 인식하면서 활로를 찾아 개성을 떠난 것이다. 1452년 기록은 개성에 남은 사람의 직업을 언급했는데 그것은 상업이나 수공업이 아니라 농업이었다. 이처럼 15세기 전반 자료를 통해 개성인의 동향을 살펴보면, 생업을 찾아서 개성을 떠나는 이들이 많았고 개성에 남은 사람들의 직업으로 농업이 언급되었다. 제한된 자료이지만 개성인의 생업으로 수공업과 상업이 언급되지 않은 점을 주목하지 않을 수 없다. 이를 보면 15세기 전반기에는 개성인의 상업 방면으로 진출이 일반적이지 않았다고 할 수 있다.

그런데 15세기 후반기의 자료에서는 개성인의 생업을 언급할 때면 으레 상업이 거론되었다. 개성인이 상업에 종사한다는 사실을 전하는 최초의 기록은 1469년의 한명회 발언이었다. 한명회는 개성부를 중앙 관아의 지위에서 지방 관아로 격하시키면 그곳에 사는 사람들의 요역이 번거롭고 부담이 커서 제대로 살아가지 못할 것이라는 의견을 제시하면서, "구도 인민은 본래 농사에 힘쓰지 않고 오

로지 장사를 업으로 삼아 살아갑니다."라고 말했다.[97]

한명회는 1469년 무렵 개성인이 장사를 생업으로 삼아서 살아간다고 했는데, 그의 발언을 얼마나 신뢰할 수 있을까. 개성상인의 등장 시기를 가늠할 수 있는 중요한 자료이므로 신빙성을 검증할 필요가 있다. 한명회의 이력을 고려하면, 개성인에 대한 그의 발언은 신뢰할 만하다. 한명회는 일찍이 개성에서 지낸 경험이 있기 때문이다.

한명회는 과거에 합격하지 못하고 천거로 관직 생활을 시작했다, 1452년에 친한 벗인 권람이 세조에게 천거하여 한명회는 관직에 발을 들여놓을 수 있었다. 당시 38살의 한명회가 받은 벼슬은 '경덕궁직'이었다. 경덕궁은 개성에 있는 이성계의 잠저(왕위에 오르기 전에 살던 저택)로 조선 건국 이후에 확장하여 '경덕궁'이라 불렀다. 한명회는 이 경덕궁을 관리하는 일을 맡은 것이다. 당연히 그는 '경덕궁 직'으로 있을 때 개성에 거주했다.[98] 한명회는 1452년 무렵 개

그림 10
경덕궁과 비각, 《高麗時報》(1933. 7. 16), 국립중앙도서관 소장

성에 살면서 당시 개성 사회가 겪던 변화와 개성인의 동향을 직접 보고 들었고 개성과 개성인에 대한 지식을 갖게 되었을 것이다. 한명회의 발언이 개성에서 생활했던 경험과 그로부터 얻게 된 정보를 토대로 한 것인 만큼 신뢰할 만하다고 생각한다.

1452년의 한 자료에서는 개성인의 직업과 관련하여 상업이 아닌 농업이 언급되었다. 그런데 20여 년 후에 한명회는 개성인이 농업에는 힘쓰지 않고 상업에만 종사한다고 논했다. 그 20여 년 사이에 개성인의 생업과 관련하여 변화가 있었음을 짐작할 수 있다. 한명회의 발언이 1469년에 있었지만, 개성인이 1469년에 처음 장사를 시작했다고 볼 수는 없다. 1469년 이전에 개성인 중 몇몇이 장사를 시작했을 것이다. 이후 먼저 장사를 시작한 사람들을 따라서 상인으로 나서는 개성인이 늘었을 것이고, 1469년 무렵에는 다수의 개성인이 상업에 종사하게 되어 대세를 형성한 것으로 이해함이 적절할 것이다. 한명회의 발언은 개성인의 상업 진출이 대세가 된 시점을 반영한 것으로 볼 수 있다.

이렇게 보면 개성인이 장사를 시작한 시기는 1469년 이전으로 거슬러 올라가야 한다. 개인적으로는 개성인의 직업과 관련하여 농업이 언급된 1450년대를 주목하고 싶다. 왜냐하면 1452년에 개성인의 생업으로 농업이 언급되었는데, 이는 당시까지는 개성인의 상업 진출이 현저하지 않았음을 의미한다. 그렇지만 그로부터 17년 후에는 상업이 대세가 되어 있었다. 이런 변화를 고려하면 1450년대 무렵에 이미 장사를 시작한 개성인이 등장해야 할 것이다. 이러한 추론에 근거해서 개성상인의 등장 시기를 1450년대 무렵으로 보고자 한다.

15세기 후반 이후 대세가 된 개성인의 상업 진출

한명회 발언 이후에도 개성인의 생업을 언급한 사료들이 있다. 그 사료들은 으레 개성인의 생업을 상업으로 기록했다. 1478년 개성 유수는 개성인에게 서적전西籍田 농사 뒷바라지까지 부과되어 개성인이 도산할 수 있다고 보고하면서, 개성부 백성들은 상업을 생업으로 삼고 농사는 짓지 않고, 또 항상 사람을 사서 농사를 뒷바라지하고 부역도 한다고 말했다.[99] 한명회의 발언 이후 10여 년이 지난 시점인데, 이때쯤 되면 개성인은 자신이 담당해야 하는 농사나 부역도 사람을 사서 대신하게 하면서까지 상업에 몰두하는 모습을 확인할 수 있다.

1485년 기록은 초창기 개성상인의 동향을 잘 보여준다. 개성 유수 김영유가 보고한 내용에 따르면, 당시 전국에 흉년이 들어서 각 도에서 장사하는 사람을 금하였다. 즉 전국적으로 장사를 금지했다. 그런데 개성 유수는 개성부의 경우 백성은 많고 밭은 적어서 비록 풍년이어도 장사가 아니면 살아갈 수 없다고 주장했다.

이 보고를 통해서도 15세기 중반 이후 개성 사람들이 상업으로 진로를 정한 이유 가운데 하나가 개성에는 농지가 적기 때문임을 알 수 있다. 적은 농지로는 풍년이 들어도 개성 사람들은 생계를 유지할 수 없었다. 농업으로 생계를 유지하기 힘들었던 개성인이 수공업과 상업으로 진출할 수밖에 없었던 배경을 새삼 확인할 수 있다. 유수 김영유의 보고에는 당시 개성상인이 사고팔던 물품도 나온다. 유의, 면서, 농기 등이 그것이다. 이 물품들은 민간에서 긴요하게 사용하는 것이었다.[100] 당시 개성상인의 거래 품목이 귀중품보다는 일반인을 대상으로 한 생필품이었음도 알 수 있다.

15세기 중엽 이후 개성인 다수가 상업 방면으로 진출했지만, 모든 개성인이 상업으로 진로를 바꾼 것은 아니었다. 1493년 개성 유수는 군적軍籍 작성과 관련하여 개성부 백성은 상인과 수공업자들이어서 한양과 다름이 없다고 언급하면서, 군적 작성을 3월에 끝내라는 독촉에 대해 개성부 내 농지 면적[田摠]은 4천여 결로 농사로 먹고사는 자도 자못 많다고 말했다. 그러면서 가을에 가서 군적을 작성할 수 있도록 요청했다.[101]

개성부에 소재한 농지가 수용할 수 있는 범위 내에서 농업에 종사하는 개성인도 있었다. 다만 4천여 결의 농지는 개성 성내, 즉 도심 지역이 아니라 도시 외곽의 농촌 지역에 분포했을 것이다. 도성 내에는 농지가 거의 없어서 생계 문제가 대두한 적도 있었다. 당시 대책은 주변의 현을 개성부에 소속시키는 것이었다. 그렇게 합속된 현에는 농지가 어느 정도 있었다. 유수가 언급한 농사 먹고사는 존재는 그곳에 살던 사람들이었을 것이다.

요컨대 15세기 중엽을 지나면서 개성에 남은 사람들 다수는 과거 금지와 협소한 농지로 인해 관리와 농민이 되기 힘들었고 결국 생업을 상업과 수공업 방면에서 찾을 수밖에 없었다. 실제로 그들은 바뀐 환경을 인정하고 두 방면으로 진출해서 생계를 도모하였는데, 그 시기는 대개 15세기 중엽부터였다고 할 수 있다.

필자는 15세기 자료에서 개성인의 생업과 관련된 내용의 변화에 주목하여 이러한 이해를 얻었다. 그런데 이후에 조선 후기 식자들도 개성인의 상업 진출 배경 및 그 시기에 대해서 필자와 비슷하게 이해했음을 뒤늦게 알게 되었다. 필자의 추론이 터무니없지 않음을 확인할 수 있었던 것이다. 조선 후기에 개성상인의 출현 배경 및 그 시기에 대해 비교적 상세한 서술은 이중환의 『택리지』에서 찾아볼 수 있다.

(상략) 태조(=이성계)가 왕위를 물려받고 도읍을 한양으로 옮겼다. 왕씨의 신하였던 세가대족(대대로 정치 권력에 참여하면서 상당한 경제력을 지닌 집안)으로 태조에게 항복하고자 아니 하는 자는 그냥 개성에 남고 따라가지 않았다. 그들이 살던 동리를 두문동이라고 하였다. 태조는 그들을 미워해서 개성 선비에게는 백 년 동안 과거를 보이지 말도록 명하였다. 그리하여 남아서 살던 자의 아들과 손자의 대에 이르러서는 드디어 평민이 되어 장사하는 것을 생업으로 삼고 선비의 학업은 닦지 아니하였다. 드디어 3백 년 이래로 개성에는 사대부라는 명칭이 없어졌다. 그리고 서울의 사대부들도 개성에 가서 사는 자가 또한 없었다.[102]

이중환이 개성상인에 초점을 맞춰서 서술한 것은 아니었다. 그보다는 조선 건국 이후 개성인의 동향을 언급하면서 개성에는 사대부가 없음을 강조하려고 쓴 글이다. 서술 목적이 어떻든 건국 이후 개성인의 동향에 대한 이중환의 이해 방식은 우리가 앞서 살펴본 바와 비슷하다. 한양 천도에도 따라가지 않고 개성에 남은 사람들이 있고, 태조는 그들을 미워해서 개성에서 과거를 시행하지 않았고, 그로 인해 그들의 아들과 손자 대에 평민이 되어 상인으로 나서게 되었다는 것이다.

 이중환은 관직 진출이 막힌 사실만 지적하고 농업에 불리한 조건은 언급하지 않았다. 그렇지만 개성인이 상인으로 나선 시기를 건국 직후가 아니라 그 아들과 손자 대라고 서술한 부분이 이목을 끈다. 개성상인이 건국 직후가 아니라 건국 이후 대략 30~60년이 지나서 등장한 것으로 이해하고 있기 때문이다. 서력으로는 1420~50년대가 될 것이다. 필자는 1450년대 등장한 것으로 이해했는데, 이는 이중환이 설정한 시간 범주에서는 늦은 시기가 된다. 필자의 추정 시기보다 조금 이른 시기부터 몇몇 개성인들이 상인으로 나섰을 가능성은 충분하다. 그리고 1450년대는 개성인 중에 상인으로 나선 이들이 분명히 존재한 시기로 볼 수 있다.

새로운 상업 방식과 사채 문제

가난한 개성상인, 타지에서 상업 활동

15세기 중엽부터 개성인은 장사에 뛰어들었다. 그런데 장사를 시작했다고 생계 문제가 해결된 것은 아니었다. 어떤 방식으로 장사를 할 것인가, 자신들에게 적합한 상업 방식을 찾는 과제가 남아 있다. 장사를 시작한 개성인은 누구나 개성 시내에서 장사할 수 있기를 바랐다. 그런데 문제가 있었다. 상인으로 나선 사람 수가 너무 많아서 개성 상권이 그들을 모두 포용할 수 없었다. 당시 개성 시내 상권은 인구 3만여 명 정도를 수용하는 규모였다. 당시 조선 상황에서 작은 도시는 아니었다. 그러나 매우 많은 개성인이 장사를 나섰기 때문에 그들이 모두 개성에서 장사할 수 없었다. 개성 시내에서 장사할 수 없다고 장사가 아닌 다른 직업을 선택하기도 쉽지 않았다. 그런 상황에서 다수의 개성상인이 선택할 수 있는 방식은 개성이 아닌 타지로 가서 장사하는 것이었다. 즉 개성이 아닌 다른 지역을 돌아다니면서 행상하거나 타지에 가서 장기간 그곳에 머물면서 장사하는 방식을 선택할 수밖에 없었다. 개성상인이 등장하던 초창기부터 개성 시내에서 장사하는 이들은 소수였고, 대다수의 개성상인은 타지에 가서 장사했다.

개성상인의 이러한 상업 방식은 1494년의 기록에서 확인할 수 있다.

> 고을 안에 사는 백성은 오로지 장사에만 힘써서 먼 곳을 출입한다.[103]

짧은 기록이지만, 당시 개성인이 오직 장사에만 힘쓰고 먼 곳을 출입하는 방식, 즉 다른 지역에서 장사하는 방식을 택하고 있었음을 정확히 보여준다. 그리고 이 자료는 또 다른 측면에서도 중요하다. 앞서 언급했듯이, 개성상인 내부에는 크게 두 부류가 있었다. 개성 시내에서 장사하는 사람과 타지에 가서 장사하는 사람. 그런데 위 기록에서는 전자는 언급하지 않고 후자만 개성상인의 상업 방식으로 거론했다. 그 이유는 다수의 개성상인이 그러한 방식으로 장사했기 때문이다. 이 자료를 통해서 개성상인을 대표하는 상업 방식이 먼 곳을 출입하는 장사였음을 확인할 수 있다. 개성상인의 핵심적인 상업 방식이 무엇인지를 잘 보여준다. 필자는 타지에 가서 장사하는 방식을 '지방 출상'이라고 부르고자 한다.

위 기록 외에는 초창기 '지방 출상'에 대한 자료는 찾기 힘들다. 다만 근대에 개성상인의 지방 출상을 조사한 기록이 있다. 그것을 참조하면 지방 출상에 대한 이해를 높일 수 있다. 그 기록에 따르면 개성상인이 초창기부터 전국 곳곳으로 진출한 것이 아니었다. 처음에는 개성 인근 지역에서 장사했다. 보부상처럼 행상 활동을 한 것이다. 시간이 지나면서 진출 지역을 확대하여 결국에는 전국 어느 곳이나 진출하지 않은 곳이 없게 되었다고 한다.

조선이 수도를 한양으로 옮긴 후에 송도 백성 다수는 역경에 처하였다. 시민 대다수는 흩어지고 겨우 정치적 성읍의 하나로 바뀌었다. 이리하여 개성에 남은 일부의 송도 백성은 벼슬할 길이 없으므로 농업 혹은 상업 방면으로 진출하기 시작하여 실업적인 송도 백성으로 변모해 갔다. 송도 백성의 조상은 경기 북부로부터 황해 남부를 자신들의 상권으로 하고 경제구역으로 하여 물품 중개, 토지 특산품 판매 행상을 시작하였다. 그리하여 점차로 송도 상인의 근면과 착실한 상업이 알려져서 그들은 견실한 계획에 기반하여 마침내 전 조선에 발길이 닿지 않은 곳이 없다. 특히 조선 이남 지방에 있는 전라도, 경상도 지방의 풍부한 물산을 취급함에 민첩하고 또 부지런함으로 상업 방책을 강구 했다. 그러나 교통이 불편하고 물산이 풍부하지 않으며 위인이 교활한 조선 이북 지방에는 다수 행상을 시도하지 않았다고 한다. 이리하여 각지의 이윤은 그들 행상인의 수중에 떨어져 점차로 송도에 모이게 되었다. 이리하여 송도 백성은 그 직분에 충실하여 마침내 전 조선의 상권을 장악하게 되었다. (중략) 옛날 사회계급의 실권을 장악한 관리와 비교할 것은 아니지만 사회적으로 어떠한 세력을 갖고 있었는가를 알기에 충분하다.[104]

(상략) 조선에서는 전후 2회 과거를 열어 태조가 친히 임어臨御하였음에도 한 사람도 응시하는 자가 없었다. 이에 태조는 격노하고, 종래 정책을 바꾸어 강력 탄압 정책을 펴기에 이르렀다. 태조 3년 이래 개성 인사의 과거 응시를 엄금할 뿐만 아니라 이전 왕조의 명문 귀족도 명령에 복종하지 않는 자는 규탄하거나 혹은 중인 아니면 상민으로 강등시켰다. 이 정책은 약간의 동조자를 냈지만 복종하지 않은 유신遺臣 등은 분개한 결과 일부는 해주와 연백 지방으로 흩어져서 귀농하였다.[105] 그렇지만 대부분은 개성에 남아 상업에 종사하고 굳이 조선의 속粟 먹는 것을 즐거워하지 않았다. (중략) 수십만 주민은 홀연 생활의 방도를 상실하였

기 때문에 생활 유지의 필요와 시세에 대한 반항심이 서로 어울려 예기치 않게 일치단결하여 상업에 종사하여 새로운 활로를 개척하려 했다. 그렇지만 개성에만 웅크려 있어서는 그 목적을 달성할 수 없고 한양을 상대로 하는 거래는 그들이 좋아하지 않는 바이므로 전 조선에서 장사를 떠나기에 이르렀다. 무거운 짐을 등에 지고 멀리 충청, 경남 지방에 이르는 등 비장한 대분투의 행렬이었다. 그 의기는 지금까지 오래도록 전통적 정신이 되어 존속하여 안으로는 견고하게 단결하고 밖으로는 항상 서울 인사로부터 천업賤業의 도시라는 멸시도 받았지만 개의치 않고 업무에 힘썼다.[106]

위 두 글은 기본적인 줄거리는 비슷하면서도 구체적인 부분에서 상호 보완적인 내용이 있다. 두 글을 종합하여 개성인이 지방 출상을 나서던 초창기 모습을 정리해 보자. 우선 고려 유민으로 개성에 끝까지 남은 이들은 조선 정부의 배척을 받았다. 그들도 조선 정부에 벼슬하는 것을 좋아하지 않았다. 그러한 반항심을 공유한 그들은 서로 일치단결할 수 있었다. 그리고 생활 방도를 상업에서 찾았다. 그런데 상업 방식과 관련하여 개성에만 웅크려 있어서는 그 목적을 달성할 수 없었다. 또 새 수도 한양과의 거래도 좋아하지 않았다.

장사하러 간 지역도 시간이 흐름에 따라서 확대되었다. 초창기에는 경기 북부와 황해 남부였다. 즉 개성 주변 지역을 대상으로 장사하기 시작하였다. 당시 그들은 물품 중개와 개성 특산품을 판매하였다. 그러면서 개성상인은 근면과 다양한 상업 관습에 힘입어 상권을 확대했다. 그리고 결국에는 전 조선을 대상으로 상업 활동을 전개하게 되었다. 특히 물산이 풍부한 삼남 지방을 무대로 뛰어난 활약을 펼쳤다. 그리고 상업과 지방 출상을 나서게 된 계기인 주선 정부에 대한 반항심은 오래도록 남아서 내부적으로 그들을 견고하게 단결시키는 구심점이 되었다. 위 두 자료는 비록 20세기에 기록되었지만, 초창기 상황과 이후 전개 과정에 대한 설명 방식은 상당 부분 수긍이 된다.

한편 타지로 장사를 떠난 이들은 대부분이 경제적으로 가난했다. 일반인들처럼 개성상인도 힘든 타지 생활보다는 가족이 있는 개성 시내에서 장사하기를 바랬다. 그런데 모든 개성상인이 그 꿈을 이룰 수 없었다. 개성 상권이 상대적으로 작았기에 시내에 점포를 소유할 수 있는 경제력을 지닌 상인들만이 시내에서 장사할 수 있었다. 가난한 개성상인은 그럴 여력이 없었기에 힘들고 고달픈 타지에서 장사할 수밖에 없었다.

가난한 그들은 고달픈 객지 생활을 견딜 각오가 되었지만, 그보다 더 중요한 것은 장사 밑천을 마련하는 일이었다. 장사하려면 밑천이 있어야 하는데 가난한 그들은 밑천을 갖지 못하거나 부족한 경우가 많았다. 누군가로부터 밑천을 빌려야 했다. 마침 개성에는 부유한 사람들이 있었다. 그들이 가난해서 타지로 장사를 떠나는 이들에게 장사 밑천을 빌려줬다.

부유한 개성인의 존재

개성에는 재력을 소유한 이들도 있었다. 그들은 개성 시내에 점포를 차려서 장사할 수 있었다. 그리고 부유한 개성상인이 수행한 또 한 가지 중요한 역할이 있었다. 그것은 타지로 장사 떠나는 가난한 상인들에게 밑천을 빌려주는 것이었다. 부유한 개성인이 선량해서 자비를 베푼 것은 아니었다. 그들은 치밀한 계산에 따라 움직이는 개성상인이었다. 가난한 이들에게 밑천을 빌려준 것도 상업 활동의 일환이었다. 그들은 밑천을 빌려주고 이자를 받아서 이익을 도모했다. 그것은 달리 보면 부유한 개성인이 찾은 새로운 활로였다. 따라서 부유한 개성인도 개성상인의 한 축을 이루는 중요한 존재였다. 개성의 부유한 상인은 지방으로 장사를 떠나는 가난한 상인들이 몇 년 후 혹은 십수 년 후에 되고 싶었던 모델이었다.

개성인이 상인으로 본격적으로 진출하기 이전부터 개성에는 부유한 이들이 거주했다. 이와 관련해서는 15세기 전반기 개성에 거주한 부상대고의 존재가 주목된다. 그들의 출신이나 부를 축적한 방법을 알 수는 없지만, 당시 기록에 의하면 그들은 돈과 곡식을 많이 축적하고 있는 대부호로 나온다.

태종은 한양 재천도 이후 한양을 발전시키고 개성인을 더 많이 한양으로 이주시키기 위해서 개성에서 시장 여는 것을 금지한 적이 있다. 그런데 이런 조치가 개성 내에서는 물가 상승이라는 부작용을 초래했다. 개성의 부호들이 갖고 있던 돈과 곡식으로 물가를 조절하고 또 몰래 매매하면서 쌀값을 폭등시킨 것이다. 당시 부호들의 그런 행위는 개성 인구가 줄어들게 된 원인으로 지목되었다.[107] 이 기록을 보면 1409년 무렵에 부상대고라고 하는 부유하고 노련한 대상인들이 개성에 거주하였음을 알 수 있다.

1411년의 한 일화에서도 개성에서 살던 부호의 존재를 확인할 수

그림 11
개성 민가,
국립중앙박물관 소장, e뮤지엄에서 전재

있다. 태종은 저화 유통정책을 강력하게 추진했다. 그 한 방법으로 민간에서 포布를 내고 저화를 받도록 했다. 그런데 개성의 부유한 상인이었던 좌군노左軍奴와 불공佛丁 두 사람은 저화로 바꾸는 것을 꺼려서 추포 1,500여 필을 다른 집으로 옮겨 놓았다. 즉 다른 곳에 몰래 숨긴 것이다. 그런데 그들의 소행이 발각되었고, 조정에서 이를 매우 심각하고 큰 사건으로 보고 처리 방안을 논의했다. 그 논의 과정에서 나온 내용을 보면 당시에 개성의 부상대고와 수공업자가 한양과 개성에 모두 가옥을 두고 있었음을 알 수 있다. 조정 대신들은 두 곳에 가옥을 둔 이유가 그들이 두 곳을 왕래하면서 몰래 불법적인 행위를 하기 위함이라고 판단했다. 그런 불법행위를 방지하기 위해 한양과 개성의 호주를 추고하자는 주장이 있었다. 태종도 그 주장을 수용하였다.[108] 며칠 후 이 결정에 따라 각 가호에 대해서 포를 수색하기 시작했다. 그때 어떤 부호가 금지된 물건들인 금은과 옥기, 능단을 갖고 있다가 발각되었다. 관에서는 당연히 그것을 몰수하였다. 그런데 태종은 금지 물품이지만 수색하지 말고 또 이미 거둔 물건도 모두 환급하도록 명하였다.[109]

두 사료를 보면 한양 재천도 후인 태종 대에 개성에는 부상대고가 거주하고 있었음을 알 수 있다. 그들 중 일부는 경제적 판단에서 혹은 정부의 수포收布 정책 등을 회피하기 위해서 개성과 한양에 주택을 두고 활동하기도 했다. 그들은 금은·옥기·능단 등 값비싼 사치품을 소유한 존재이기도 했다. 이 당시는 개성이 구도로서 면모를 유지하고 있었으므로 고려시대의 부호들이 일부 개성에 남았을 가능성이 높고, 위에서 언급된 부호들은 그런 존재였을 가능성이 크다.

개성의 위상이 크게 하락하고 구도의 면모도 잃게 된 15세기 중엽에도 부유한 이들이 개성에 거주했을까. 1450년 기록에서도 부유한 개성인의 존재를 확인할 수 있다. 그 해에 명나라 사신이 행차할 때 이루어지는 무역에서 사용할 세포細布가 부족했다. 세포를 마련하기 위한 방책을 조정에서 논의했다. 그 대책 가운데 하나가 개성에는 부상대고가 꽤 많아서 세포를 마련하기 쉬우니 백저포 100 필을 더 내게 하자는 것이었다.[110]

또 이듬해에 저화를 통용시킬 방책으로 각 군현에 명하여 저화를 바치게 했다. 그 액수를 보면 목사 이상 고을은 1천 장, 도호부는 8백 장, 지관知官은 6백 장, 현령은 4백 장이었다. 그런데 개성부에는 1만 장을 배정했다.[111] 각 고을의 경제적인 사정을 고려하여 저화가 배정되었을 것이므로, 저화가 많이 배정된 개성에는 부호들이 더 많았을 것이다.

1464년에는 조정에서 대납代納의 폐단을 논의했다. 그 자리에서 양성지는 서울과 개성의 부유한 상인을 동원하여 대납을 관리하자는 의견을 제시했다.[112] 양성지가 서울과 함께 개성의 부상을 언급한 것을 보면, 당시 개성에는 다른 지역에 비해 부유한 상인이 많았음을 짐작할 수 있다. 다만 양성지의 제안은 받아들여지지 않았다. 이처럼 지방의 한 고을로 전락한 15세기 중엽에도 개성에는 부유한 사람들이 존재했다.

그런데 15세기 중엽 이후 개성의 부유한 사람들은 개성부의 특별 관리 대상이 되었다. 개성부가 고을 안의 부유한 사람들을 가려 뽑아서 명부를 작성한 것이다. 당시에 그것을 '부거富居'라고 불렀다. 관청에서는 부거에 이름을 올린 이들에게 재정을 일부 부담시켜서 그들을 힘들게 했다.

1447년 사헌부 장령 이형증은 국왕 세종의 내종사촌 동생인 이선이 개성 유수로 있으면서 자행한 불법행위를 보고했다. 그 보고 중에 개성의 부유한 사람 80명의 이름을 기록한 부거안富居案을 만들어서 악용한다는 내용이 있다.[113] 유수 이선은 부거안에 이름이 실린 부유한 자들을 대상으로 갖은 침학을 일삼았다. 그러자 사헌부가 그를 탄핵하는 글을 올린 것이다. 부거안에 이름을 등재된 이들이 어느 정도의 부력을 소유했는지는 알 수 없지만, 개성부 혹은 유수의 침탈 대상이 되었다는 점에서, 또 그 명부 명칭이 부거富居라는 점에서 개성 내에서는 재력을 소유한 존재로 이해된다.

1447년에 처음 나온 부거안은 이후에도 계속 존재했다. 1648년에 간행된 『송도지』에 다음과 같은 기록이 있다.

> 옛날에는 저자의 상인 중 조금 부요한 자를 가려 뽑아서 장부를 만들고 부거富居라 불렀다. 관청의 온갖 일과 사신 접대 비용은 모두 부거에게 부담 지워서 내게 하는데 돌아가면서 강제로 정하였다.[114]

그림 12
관덕정에서 본 개성 시가, 국립중앙박물관 소장, e뮤지엄에서 전재

이 기록을 통해 세종 대에 악용되었던 부거안이 이후에도 계속 존재했고, 개성 관아는 재정 부담의 일부를 부거안에 이름을 올린 이들에게 전가해 왔음을 알 수 있다. 다만 『송도지』에서는 '초요'라고 해서 '조금 부유한'으로 표현한 점이 눈길을 끈다. '초요'라는 표현에서 부상대고를 떠올리기는 쉽지 않기 때문이다. 특히 관청에서 필요한 경비 중 일부를 부담 지우기 위해서 조금 부유한 이들을 뽑아서 명부를 만들고 돌아가면서 그들에게 부담시켰다는 점이 주목된다. 개성에 대한 배려 정책이 축소되면서 개성부가 재정적으로 어려움을 겪었다. 개성부는 자체 수입원으로는 지출을 감당할 수 없었다. 이에 수령은 부거안을 만들어 소요 경비 일부를 상인들에게 전가함으로써 해결하였던 것이다.

부호들의 장사 밑천 대여와 채무 불이행 소송전

한양 천도 이후 시간이 흐를수록 개성의 경제가 침체하였고, 개성부가 부거안을 만들어 부호들을 침탈하는 상황에서 부호들이 재력을 안정적으로 유지하기는 힘들었다. 이에 개성의 부호들은 재력을 유지하기 위해서 새로운 돌파구를 마련해야 했다. 그 해결책 중 하나가 가난한 개성상인에게 장사 밑천을 빌려주고 이자를 받는 것이었다.

부호와 가난한 이들이 장사 밑천을 매개로 서로 도움을 주면서 각자 활로를 찾을 수 있게 되었다. 그리고 개성의 부유한 사람들도 개성상인으로 탈바꿈하였고, 개성상인 내부의 경제적 계단에서 상층에 자리할 수 있었다. 이보다 더 좋은 선택은 없을 것이다. 그런데 곧 문제가 발생했다. 밑천을 매개로 연결된 두 계층이 서로 소송을 하면서 갈등이 심각해진 것이다. 즉 부유한 개성상인이 가난한 개성상인에게 장사 밑천을 빌려주었는데, 제때 돌려받지 못해서 관아에 소송을 제기하는 일이 빈번했다. 그래서 15세기 말에서 16세기 전반기의 개성은 소송이 너무 많은 곳으로 알려졌다. 이른바 사채 문제이다. 이를 제대로 이해하면 개성상인이 처음부터 완성형으로 상업 활동을 시작한 것이 아니고, 내부적인 문제들을 해결하면서 발전해 갔음을, 시행착오를 거치면서 발전했음을 알 수 있다.

15세기 후반 개성은 재판 관련 업무인 송사가 많은 곳으로 유명했다. 이는 당시 특정 관료를 개성 지방관으로 임명하는 것을 반대할 때 근거로 제시되기도 했다. 개성은 송사가 많아서 업무가 번다한데 임용 예정자가 그 업무를 담당할 능력이 안 된다는 것이 반대자의 논리였다. 1499년 장령 김인후는 송공손을 개성부 경력에 임명하는 것을 반대했다. 김인후가 내세운 반대 이유는 '개성은 고도이며 인민이 조밀하고 송사가 매우 많은데 송공손은 문필이 부족하

여 그 직무를 감당'할 수 없다는 것이었다.[115]

이후에도 이와 유사한 기록을 찾는 것은 어렵지 않다. '개성부도 큰 고을이고 사송도 번거롭'다거나,[116] '개성부는 물산이 많고 땅도 넓어서 사송이 번다하므로 의당 사람을 가려서 임명해야 한다'거나,[117] '개성부는 옛 도읍이고 일이 번다한 곳으로 도사 전구주는 인물이 용렬하여 소임을 감당할 수 없'다거나,[118] '개성부 도사 우필순은 인물이 미욱하여 일에 임하면 사리 판단이 어두운데, 개성부는 송사가 많은 곳이니 이 사람은 반드시 감당하지 못할' 것이라는 기록들이 그것이다.[119]

이처럼 15세기 말부터 시작하여 1530년대까지 개성부는 송사가 빈번해서 일이 많은 곳으로 알려졌다. 이러한 기록들은 15세기 말 이후부터 집중적으로 등장했다. 이는 15세기 중반 이후 개성 사람들이 상업 방면으로 진출하기 시작한 시기와 겹친다. 초창기 개성인의 상업 활동에서 초래된 혼란이 송사로 이어졌음을 짐작게 한다.

이러한 짐작을 뒷받침하는 일화가 있다. 개성인의 사채 문제가 조정에서 논의된 것이다. 개성 유수는 1502년에 개성인 간의 사채 문제가 심각해지자 이를 조정에 보고하면서 개성부가 심리해서 처리할 수 있도록 해달라고 요청했다. 국왕은 의정부에서 이 문제를 논의하도록 명했다. 논의 자리에서 여러 의견이 제시되었는데, 당시 논의된 내용을 통해서 초기 개성상인의 모습, 일부 관료의 상업을 천시하는 의식 등을 확인할 수 있다.

맨 처음 발언한 한치영은 사채 문제에 대한 원칙을 언급하면서 개성부가 개입해서 채권자를 대신해서 채무를 받아주는 것을 반대했다. 사실 한성부와 개성부가 사채를 징수하지 못하도록 한 일은 이미 법률로 정해져 있었다. 따라서 그는 개성부 유수의 요청으로 법을 쉽게 고칠 수 없다고 했다. 그는 특히 상인들의 말을 들어서 사채를 받아주는 것 자체가 이치에 맞지 않다고 말했다.[120]

성준과 이극균도 반대 의견을 냈다. 그들은 개성부가 사채를 징수하기 위해 설치된 것이 아니며, 사채를 독촉해서 징수하는 일을 업무로 삼을 수 없다고 주장했다. 아울러 두 사람은 상업과 상인을 천시하는 인식을 드러냈다. 즉 왕자의 정치는 본업인 농업에 힘쓰고 말업인 상업을 억제하는 것으로 선무를 삼는데, 말업을 추구하는 무리가 빚을 낼 수 없으면 자연히 농사를 지으러 고향에 돌아갈 것이니, 이는 염려할 필요가 없다는 것이다. 그는 상업을 말업으로 인식하고 사채로 곤경에 처하게 된 상인이 장사를 그만두게 되면 농민이 될 터이니 이는 오히려 더 좋은 일이므로 걱정할 필요가 없다는 의견을 피력했다.

박건 역시 두 사람과 비슷한 의견을 제시했다. 그는 사채를 매개로 연계된 상인들을 매우 비판적으로 봤다. 그는 사채를 주는 사람이나 받는 사람이 모두 시정에서 이익 다투는 것을 일삼고 놀기 좋아하는 게으른 백성이라고 판단했다. 그들은 처음에는 화목하더라도 나중에는 반드시 서로 배반하여 교묘하게 거짓을 꾸며 어지럽게 송사를 하고 간사함을 부리니 관가에서 징수해 주지 않아도 원망하거나 억울해하지 않을 것이라고 주장했다. 그는 사채 문제로 개성부 백성들이 불편할 수 있음을 인정하면서도, 밑천을 빌려준 부호들을 더욱 비판적으로 인식했다. 즉 농민, 수공업자, 상인은 각자 생업이 있는데, 하필 남에게 재물을 빌려주고 이식利殖을 받아서 이익을 나누는 것으로 생업을 삼느냐고 하면서 물주들을 비판했다. 그는 상인들을 놀기 좋아하는 게으른 백성으로 인식했고, 재물을 빌려주고 이식을 받는 대여 활동을 생업으로 인정하지 않으려는 인식을 보였다.

반면 당시 개성부와 개성상인이 처한 상황을 이해하고 관청에서 개입하여 사채 문제를 해결할 필요가 있음을 인정한 신하들도 있었다. 유순, 신준, 윤효손이 그들이다.

> 개성부에 사는 백성 가운데 가난한 사람은 남에게 빚을 내어 행상으로 업을 삼고 부자는 빚을 주어 이식을 받아 생

계를 삼습니다. 그런데 그 백성들은 성안에 모여 살기 때문에 농사를 지어먹을 수 있는 토지가 없으므로 그렇게 하지 않으면 살아갈 길이 없습니다. 대체로 빚을 낸 사람은 마음이 간사하고 비뚤어져서 빚을 갚을 적에는 온갖 수단으로 회피할 길을 엿보니, 만약 관가에서 받아주는 것을 허락하지 않으면 돈을 빌려준 사람은 빌려준 돈을 앉아서 잃게 되므로 다시는 빚을 내어주는 것을 업으로 삼는 사람이 없어질 것입니다. 그렇게 되면 전일에 상업을 하던 사람이 빚을 낼 데가 없어서 생계가 곤궁하게 될 것이니 반드시 사방으로 흩어져 갈 것입니다. 부자라고 일컫는 이도 이식을 받을 데가 없어서 반드시 빈곤한 지경에 이를 것입니다. 이처럼 되면 개성부의 인구는 점점 줄어들어서 마침내 옛날 도읍의 모습을 틀림없이 잃게 될 것이니, 이것은 작은 일이 아닙니다. 개성부의 관리로서 긴절하게 송사를 심리할 일이 없다면 사채를 받아주는 것에 무슨 번거로움이 있겠습니까? 옛법에 의거하여 시행하게 하소서.

　　세 사람은 도성이 아닌 일개 지방 도시가 된 개성에서는 주민들이 농사를 지으며 살 수 없어서 상업으로 나선 상황을 정확히 파악하고 있다. 그리고 개성상인의 상업 방식이 지방 출상을 위주로 하며, 타지로 장사 나가는 사람은 가난해서 부자로부터 밑천을 빌렸고, 부자는 그들로부터 이식을 받아서 생활하고 있던 사정도 정확히 꿰뚫고 있다. 이처럼 개성인이 장사를 시작한 지 40~50년 정도가 지나자 조정에서도 개성인의 동향을 알고 있는 대신들이 있었다.

세 사람은 당시 개성상인 간 사채 문제의 원인과 그것을 그대로 방치하면 일어날 심각한 상황도 예견했다. 밑천을 빌려 간 사람 중에는 빚을 제때 갚지 않아서 채권자를 곤경에 빠지게 하는 자들이 있었다. 그런데도 관청에서 개입하지 않으면 부자는 이자를 받을 수 없게 되어 더는 밑천을 빌려줄 수 없게 될 것이다. 그러면 가난한 이들은 장사할 수 없게 되어 살 방도를 찾아 개성을 떠날 것이고, 이식을 받을 수 없게 된 부자들은 가난해질 것이다. 그런 상황이 되도록 방치하면 개성 인구는 더욱 줄어들어서 구도의 모습을 잃게 될 것이라고 우려하였다. 그러면서 관청의 개입을 찬성했다. 여러 의견이 개진되었는데, 결론은 성준 등의 의견을 따르도록 했다.

16세기 초에 발생한 개성상인 간의 빈번한 갈등, 그리고 그것이 사회문제로까지 비화한 상황을 이해하기 위해서는 당시가 개성인들이 상업 방면으로 진출하기 시작한 초창기였다는 점에 유의할 필요가 있다. 개성 사람들은 15세기 중엽 이후 상업 방면에서 활로를 개척하기 시작했지만, 그것은 고려시대의 도성 상업이 아니라 '지방 출상'이 중심이 되는 낯선 방식이었다. 타지로 장사를 나서는 이는 가난한 사람들이었다. 그들은 개성 내의 부자에게서 빚을 내어 장사 밑천을 마련하였다. 그러나 빚을 낸 가난한 사람, 빚을 주는 부유한 사람 모두에게 그것은 낯선 방식이었다. 무엇보다 그들 간에는 상호 신뢰를 구축할 시간적 여유가 충분하지 않았다. 따라서 빚을 낸 자는 혹 장사가 뜻처럼 되지 않으면 빚을 갚을 길이 없었다. 그러면 온갖 핑계를 대면서 상환하지 않았고 그러한 갈등은 소송으로 이어졌다.

16세기 초의 갈등은 새롭고 낯선 상업 방식에 적응하지 못한 상태에서 발생한 일종의 시행착오였다고 평가할 수 있다. 개성상인은 새로운 상업 환경에 맞는 제반 시스템을 구축할 필요가 있는데, 16세기 전반까지는 그러한 작업이 순조롭지 않았음을 알 수 있다. 그럼 그 이후에는 이 문제를 해결할 수 있었을까. 해결했다면 어떤 방식으로 해결할 수 있었을까.

17세기 초반 소송이 적은 개성부, 채무 문제 해결

16세기 전반기에 개성상인 간 사채를 둘러싼 소송이 빈발했고, 조정은 개성부의 개입을 불허했다. 문제 해결은 개성인의 몫이 되었다. 개성상인은 이를 극복할 수 있었을까. 이와 관련해서 약 1백 년 정도 지난 17세기 초반의 한 기록을 주목할 필요가 있다. 1629년에 개성 유수로 임명되어 1631년까지 재임한 이덕형李德泂은 「송도기이」라는 글을 남겼다. 그는 글의 서두에서 「송도기이」를 쓰게 된 계기를 밝혔다.

> 숭정 기사년(1629)에 내가 개성 유수로 나갔다. 세대가 멀어져서 고려조의 남은 풍속이 변하고 바뀌어 거의 없어졌는데, 오직 장사하고 이익을 좇는 습관만은 이전과 비교하여 더욱 성해졌다. 이 때문에 백성들의 넉넉함과 물자의 풍부함이 우리나라에서 제일이라고 이를 만하다. 상가商街의 풍속은 저울눈을 가지고 다투기 때문에 사기로 소송하는 것이 많을 듯한데도, 순후한 운치가 지금까지 오히려 남아 있어서 문서 처리할 것이 얼마 되지 않았다. 매양 긴 여름에는 문서를 다 처리하여도 해는 항상 점심때밖에 되지 않았다.[121]

이덕형의 글은 17세기 초반의 개성과 개성상인의 상황을 알려준다. 그에 따르면 1620년대 무렵 개성에서 고려의 풍속은 찾아보기는 힘들었다. 반면 당시 개성에서는 이익을 좇는 상업이 이전보다 더욱 성행했다. 그 영향으로 개성인은 부유했고 물자도 풍부했다. 이덕형은 개성의 부력을 조선 제일로 평가했다. 17세기 전반에 개성은 상업 도시, 상인의 도시로 저명했고, 한양을 제외하면 조선 제일의 도시로 발돋움했음을 알 수 있다. 그리고 무엇보다 눈길을 끄는 대목은 상인이 많은 지역이라면 이익을 다투는 소송이 많기 마련인데, 당시 개성은 상업이 대단히 성행하는 도시임에도 상인 간에 소송 문제가 얼마 되지 않았다는 것이다. 그래서 하루 업무가 낮이 긴 여름에는 점심 무렵에 끝났다고 한다.

1502년에 조정에서 개성인 간 사채 문제로 심각한 논의가 있었던 사실을 앞에서 살펴봤다. 그런데 120년 정도가 지난 1620년대의 개성은 소송이 적어서 수령이 처리할 업무가 많지 않은 한가한 고을로 바뀌어 있었다. 이덕형의 글을 통해서 개성상인은 사채를 둘러싼 문제를 성공적으로 해결하였음을 알 수 있다.

개성상인의 상업 활동은 사채 문제 해결 이후 더욱 활기를 띠게 되어 17세기 초반에 이미 조선 최고라는 평가가 있을 정도로 발전할 수 있었다. 사채 문제에 관청이 개입하지 못하도록 했으므로 사채 문제는 개성상인 스스로 해결했다고 할 수 있다. 그들은 어떻게 사채를 둘러싼 갈등을 극복하였을까.

개성상인 간 상호 불신과 갈등이 계속되면, 개성인은 안정적으로 상업 활동을 지속하기 힘들다. 사채 문제를 해결하지 못하고 갈등이 계속되면 개성인은 공멸할 수 있다. 그들은 어떻게든 이 문제를 해결해야 했다. 문제 해결은 그 원인을 제대로 진단하는 데부터 시작된다. 채무 문제는 다음 두 가지 원인에 의해 발생했다. 첫째는 개성상인 간에 신뢰가 미처 형성되지 못했다. 15세기 중엽 이후 개성인은 본격적으로 상업 방면으로 진출했는데 부호는 부호대로, 가난한 이들은 가난한 이들대로 역할이 있었다. 그 두 집단은 채무 관계로 맺어졌다. 그런데 채무 관계는 그들 모두에게 익숙하지 않고 낯설었다. 새롭게 시작한 초창기였으니 신뢰를 형성할 시간적인 여유도 부족했다. 문제를 해결하기 위해서는 부유한 개성상인과 가난한 개성상인 간에 신뢰를 구축하는 것이 무엇보다 중요했다.

 둘째, 초창기였던 만큼 타지로 장사를 나선 개성상인의 실패 가능성도 컸다. 그들이 선택한 타지에서 장사하는 방식은 생소한 것이었다. 또 그들은 상업적 수련 과정도 제대로 밟지 못해서 상업적 능력도 부족했을 것이다. 이런 상황이고 보면 초기의 실패는 어쩌면 예견된 일이었다. 장사에서 실패하면 빌린 밑천을 갚기는 생각처럼 쉽지 않았다.

 초기 개성상인 간 채무 문제가 이러한 조건에서 발생했다면 그

극복 방법은 개별 개성상인의 상업적 능력을 키우고 또 채무자와 채권자 간에 신뢰를 구축하는 것이었다. 이 두 난제를 해결할 수 있다면 개성상인 간 채무 문제는 해결될 것이다.

개성상인 재생산 시스템 – 사환과 차인제도

상인 양성, 사환 제도

개성상인은 능력 있고 성실하고 신뢰할 만한 상인을 직접 양성하고 그들에게 장사 밑천을 지원하여 성공할 수 있도록 함으로써 사채 문제를 해결했다. 이는 달리 말하면 개성상인이 '상인 재생산 시스템'을 구축하여 그 문제를 해결했음을 의미한다. 개성상인은 사채 문제를 거치면서 고도의 '상인 재생산 시스템'을 구축하는 데 성공함으로써 한 단계 발전한 것이다.

16세기 기록 중에서 개성상인이 상인을 양성한 사실을 전하는 내용을 찾을 수 없었다. 그러나 1648년의 기록과 이후의 자료들을 종합적으로 살펴보면, 16세기를 거치면서 상인 재생산 시스템을 갖추게 된 것으로 충분히 판단할 수 있다.

상인 재생산 시스템은 크게 보면 두 단계로 이루어졌다. 첫째 단계는 어린 남자아이를 가게에서 데리고 있으면서 수년에 걸쳐서 완숙한 상인으로 양성하는 과정이며, 둘째 단계는 그렇게 양성된 상인이 밑천을 빌려서 타지로 장사를 떠나서 성공한 후에 개성으로 돌아오는 과정이다.

첫째 단계인 상인 양성부터 살펴보자. 개성상인은 10대 초반의 남자아이를 수년간 가게에서 데리고 있으면서 상인에게 요구되는 제반 소양을 가르치면서 능력 있고 신뢰할 수 있는 상인으로 키웠다. 어린아이는 그런 과정을 거쳐서 완숙한 상인으로 거듭날 수 있었다. 이와 관련해서 1648년에 개성 유수로 있던 김육이 편찬한 『송도지』의 다음과 같은 내용이 주목된다.

> 남자는 열 살이 넘으면 곧 행상을 업으로 삼는다.

이 서술을 그대로 믿는다면 개성에서는 열 살 된 아동이 행상한 것이 된다. 그러나 상식적으로 열 살 된 아이가 상인이 되는 수련 과정도 없이 외지로 행상을 나간다는 것은 수긍하기 어렵다. 이 기록은 열 살 아이가 상인의 길에, 장시의 길에 처음 들어섰음을 표현한 것으로 이해된다. 그렇다면 상인의 길에 들어선 열 살 아이가 한 일은 무엇이었을까. 혼자서 행상을 하였을 가능성은 희박하므로, 다음 둘 중 하나일 가능성이 크다. 첫째는 위의 기록처럼 열 살에 행상을 나섰는데, 혼자가 아니라 아버지와 같은 어른의 행상을 따라다니면서 장사를 배웠을 가능성이다. 가능성이 없지 않지만, 아쉽게도 관련 기록을 찾을 수 없다.

다른 한 가지는 열 살 무렵에 개성 시내에 있는 가게에 들어가서 장사의 기초를 상업 현장에서 배우기 시작했을 가능성이다. 개성상인에 대한 기록을 보면, 이와 관련된 기록들이 많이 나온다. 따라서 열 살 아이는 이 방식을 통해서 상인의 길에 들어섰고 상인으로 키워졌다고 할 수 있다. 김육은 아마도 상인으로 양성되고 이후 독립 상인으로 장사하기 시작한 과정을 축약해서 위와 같이 표현한 것 같다.

이 기록이 『송도지』 토속 항목에 실렸다는 사실은 당시에 그런 방식이 관행이었음을 의미한다. 만약 어린 소년이 가게 사환으로 들어가는 사례가 일반적이지 않았다면 '토속' 항목에 수록할 수 없었을 것이다. 1648년 무렵에 이미 관행이 되었다면, 그 시작은 수십 년 전으로 거슬러 올라가야 할 것이다. 그렇다면 16세기 후반 무렵 혹은 그 이전에 개성에서는 남자아이를 가게에 들여서 상인으로 양성하기 시작했다고 볼 수 있다.

장사를 배우기 위해서 열 살 된 아이가 가게에 들어가서 어떤 일을 하였는지를 알려주는 당시 기록은 없다. 다만 일제강점기 이후의 기록들이 있어서 그것을 토대로 짐작해 볼 수 있다.

일제강점기 조선총독부 촉탁 센쇼 에이스케는 당시 조선의 사회 경제 사정을 조사하면서 개성 상업의 존재를 알게 되었다. 식민사관에 입각하여 그는 조선 시대 상업을 유치한 수준으로 폄하했다.

그림 13
강세황,《송도기행첩》,〈송도전경〉, 국립중앙박물관 소장, e뮤지엄에서 전재

그렇지만 개성 상업에 대해서는 놀라움을 금치 못했다. 그래서 그는 조선의 상업에 대한 조사 보고서를 작성하면서 개성 상업과 관련하여 자세한 기록을 남겼다. 그중에는 사환에 관한 내용도 있다.

개성 상계에는 사환과 수사환이란 상업 사용인이 있다. 사환은 소년 점원이다. 개성에서는 상당한 집안에서도 아끼는 자제를 상업 견습 목적으로 다른 집안에 부탁한다. 사환에게는 1년에 한두 차례 의복과 신발을 제공할 뿐 일정

그림 14
개성포목점, 『朝鮮人の商業』(1925) 17쪽, 국립중앙도서관 소장

한 보수가 없다. 사환이 제대로 성장하면 수사환이 될 수 있다. 수사환도 일정한 보수는 없는데 대신 영업 성적 여하에 따라 결산기에 이익의 일부를 받는다. 또 7~8년 동안 일하면서 주인의 신용을 얻으면 소자본을 지원받아 독립적으로 지방 행상을 나아갈 수도 있다.[122]

월남한 개성 출신 지식인도 개성에서 살던 당시에 견문한 바를 토대로 개성 사환에 대한 기록을 남겼다. 김광수란 분은 분단 이전

에 개성의 만월국민학교에서 교장을 역임했고, 월남 이후에도 교육계에 종사했다. 그가 회고한 사환 제도는 다음과 같다.

> 개성엔 사환이라는 특이한 제도가 있어 훌륭한 상인을 길러냈다. '전사환'은 전방에서 물건을 파는 일을 하면서 장사일을 배우지만, '방사환'이란 도중 집에 기거하면서 온갖 잔심부름부터 시작해서 읽고 쓰고 셈하는 공부를 철저히 해 나간다. 열 살 내외의 어린 나이로 들어가 10년, 20년간 세월을 두고 수련에 수련을 쌓아 완숙한 상인으로 길러지는 것이다. 이 같은 방사환이 서사가 되고 차인이 되고 독립해서 장사하게 된다.[123]

개성 사환에 대한 두 기록을 토대로 개성 사환에 대해서 다음과 같이 정리할 수 있을 것이다.

①사환 생활을 시작하는 나이는 10살 내외였다. ②사환은 상업 수습의 의미가 강하여 경제적으로 여유 있는 집안 아이도 장사를 배우기 위해서 사환으로 들어가는 경우가 있었다. ③사환 생활을 하면서 물건 판매, 고객 응대 및 장부 적는 법 등 장사의 기초를 배웠다. ④사환 생활은 7~8년 혹은 10년 이상 걸렸다. ⑤일정한 보수

는 없고 1년에 한두 차례 의복과 신발을 받았다. 수사환이 되면 이익 배분에 동참할 수도 있었다. ⑥일반적으로 사환으로 통칭되지만 나이 혹은 능력에 따라 일정한 단계가 존재했다. 김광수는 전사환-방사환-서사-차인으로 이어지는 단계를 제시했다. ⑦사환 생활에서 맺은 주인과의 관계는 독립해서 장사할 때까지 이어졌다. 사환 생활을 하면서 가게 주인 혹은 주변 어른의 인정을 받으면 독립하여 장사할 때 밑천을 지원받을 수 있었다.

이회림의 회고에 의하면, 전사환은 사환 생활을 시작한 초보에 해당하며 가게에서 허드렛일을 하면서 장사의 기초를 배웠다. 전사환이 주인 눈에 띄게 되면 가게에서 자면서 치부법 등을 배울 수 있는데, 김광수는 이를 방사환으로 표현한 것 같다. 서사는 센쇼 에이스케가 말하는 수사환에 해당할 것이다. 서사라는 표현에서 알 수 있듯이, 주인과 함께 장부 정리를 맡고 가게 전반을 관리하는 존재였을 것이다.

이처럼 개성의 남자아이는 열 살 무렵부터 가게에 들어가서 장사를 배웠다. 처음 들어간 그들은 사환처럼 보이지만, 단순히 심부름만 하는 존재가 아니었다. 수년 혹은 십수 년에 걸쳐서 가게에서 체계적인 상인 양성 과정을 밟았다. 그 과정을 온전히 마치면 완숙한 개성상인으로 거듭날 수 있었다. 개성에서는 다수의 남자아이가 그 과정을 밟았다. 앞서 언급했듯이, '상인 재생산 시스템'은 늦어도 16세기 후반에는 구축된 것으로 이해된다. 그 시스템은 일제강점기까지 건재했다. 월남해서 대기업을 일군 이정림, 이회림 같은 이들은 식민지 시기에 개성에서 상인 양성 과정을 거치면서 상인으로 성장했다.

개성상인은 이러한 시스템을 통해서 능력 있고 성실하며 신뢰할 수 있는 젊은 개성상인을 끊임없이 배출했다. 개성상인이 시대가 바뀌고 정권이 바뀌고 나라가 망하고, 튼 선생이 발발하고 고향을 잃어도 건재할 수 있었던 동력은 바로 이 상인 재생산 시스템에 있었다고 해도 과언이 아니다.

이정림의 사환 생활

이정림은 월남 개성인으로 한국 사회에서 대기업을 일구었고, 전경련 회장까지 지냈다. 그는 일제강점기 개성상인의 상인 양성 과정을 밟으면서 상인으로 성장했다. 그는 회고록에 그가 경험한 사환 생활을 남겼다.

그는 여섯 살 때 유치원을 1년 동안 다녔고, 그 후 보통학교에 들어갈 때까지 동네 서당에서 천자문과 동몽선습을 읽었다. 아홉 살 때 송도보통학교에 입학했다.[124] 15살에 졸업한 그는 16살부터 장사 길로 나서게 된다. 집안 형편이 상급 학교에 진학할 만큼 넉넉하지 못했고, 또 어려서부터 장사에 대한 꿈이 있었다. 그래서 일찍부터 사업에 투신하기로 결심했다. 이정림의 회고에 의하면 당시까지도 자식을 남의 가게에 보내서 장사를 배우게 하는 것이 관례였다고 한다. 그는 남대문 근처에 있는 상회의 어린 소년 점원으로 들어갔다. 그 가게는 도매상으로, 밀가루, 설탕, 소주, 고무신 등을 취급했다. 그는 여기서 5년간 점원으로 일했다.

구체적인 사환 생활을 보자. 그는 아침에 일어나면 청소부터 시작하여 주인 요강을 비우는 일 등을 했다. 그런 다음 가게 문을 열었다. 도매상이기 때문에 창고의 물품 재고를 조사하고, 손님이 찾아오면 물건을 팔고 수금도 하러 다녔다. 특히 30일 기간으로 외상 판매를 하였으므로 신용 있는 상인을 골라야 했다. 주인장이 뒤에서 대강은 알려주지만 사람을 보는 눈을 기르는 것이 매우 중요했다. 동료 사환으로 세 사람이 있었다. 상점 안에서 여러 가지 일을 하면서 1년이 지난 후부터 외무를 보기 시작했다. 외무란 각 소매상에서 가져간 물건값을 받아오는 일이 대부분이었다. 점원 말기인 18살 되는 해부터는 강원도, 황해도까지 수금하러 다녔다.

사환 생활을 통해서 이정림은 상인의 자질, 상업 방법 등을 깨우치면서 자연스럽게 개성상인으로 성장했다. 각 도·군·면 소재지에는 거래처 고객이 있어서 그는 그곳에 출장을 자주 다녔다. 출장 갈 때마다 그는 거래처 고객과 잘 사귀어 신용을 얻어야 하고, 또 친절하고 정직하게 대해야 한다는 생각을 갖게 되었다.

사환 생활의 급료를 보면 초기에는 급료가 거의 없었다. 당시 개성 사환은 처음 2년간은 무보수였다. 자기 밥 먹고, 자기 옷 입고, 상점에 나가 점심 한 끼 얻어먹는 정도였다. 점원 생활 3년째부터 주인이 월급을 주기 시작했다. 처음에는 한 달에 10원씩 주었고, 다음엔 15원, 4~5년 차에는 20원씩 주었다. 이 정도의 액수는 당시 보통 사람의 용돈 정도였다고 한다. 그래서 이정림은 장사 밑천을 마련하기 위해서 사환 생활 외에도 틈틈이 다른 일을 했다. 또 근검절약하는 생활을 하지 않을 수 없었다. 먹을 것 안 먹고, 쓰고 싶을 때 정말 눈 딱 감고 열심히 돈을 모았다. 그 결과 5년이 지나자 약간의 밑천을 마련할 수 있었다. 이렇게 상인으로서 능력과 소양을 키우고 밑천을 마련한 그는 독립하여 장사를 시작하였고 이내 성공을 거둘 수 있었다.

사환의 독립 상인으로 성장

개성상인의 상인 재생산은 완숙한 상인을 양성한 것으로 끝나지 않았다. 상인 재생산의 궁극적인 목적은 양성된 상인이 독립해서 실제로 상업에 종사해서 활동하고 경제적 성공을 이루는 데 있었다. 양성된 상인은 어디에 가서 장사하더라도 실패하지 않을 능력을 갖추게 되었다. 그러나 그들은 대개 집안 형편이 여유롭지 않아서 장사 밑천을 스스로 마련하기 힘들었다. 누군가로부터 밑천을 조달해야 했다. 대개는 사환 생활했던 가게의 주인이 물주의 역할을 맡았다. 가게 주인은 모든 사환에게 밑천을 제공하지는 않았다. 수년에 걸쳐서 가게에서 일을 시키면서 관찰한 것을 토대로 타지에 가서 장사하더라도 성공할 것으로 기대되는 이들에게 밑천을 빌려주었다. 사환 입장에서는 주인의 신임을 얻게 되면 밑천을 지원받아 독립해서 장사할 수 있었다. 밑천을 매개로 연결되면 두 사람을 '주인-차인'이라고 불렀다. 이에 대한 기록을 보자.

개성인은 문자 그대로 '자식을 바꿔서 가르친다.'라는 교훈을 철저히 실천하여 갑의 아들을 을의 사환(점원)으로, 을의 아들을 병의 사환으로, 병의 아들을 갑의 사환으로 보내어 무보수로 다년간 상도와 상술을 실습시켜 그 자질에 따라 자금을 융통하여 주어 시내 또는 지방 도시 및 지방 시장으로 출상케 하는 바, 이를 차인이라 하고, 전주(자본주)를 주인장이라 하며, 이를 차인제도라 한다. 그래서 개성에는

(삼강)오륜에 '주객지의主客之義'를 더하여 (삼강)육륜이 있다는 평도 있다. 이 주객지의는 다른 곳에서는 유례를 볼 수 없을 만큼 실로 대단하다. 지방에 출상하는 차인으로 1년에 한두 번(추석, 설날)밖에 귀향하지 못하는데도 반드시 주인댁에 먼저 들러 인사와 보고를 올린 후에야 자기 집으로 갔으며, 대개 일생 동안 변치 않고 주인장으로 섬기어 왔다.[125]

김기호에 따르면 주인장이 차인에게 자본을 지원하지만[126] 차인은 지방 시장에서 본인의 판단에 따라 장사하는 독립상인이었다.

사환이 수년간 힘든 생활 속에서도 견딜 수 있었던 이유는 그 과정을 무사히 거치면 주인으로부터 장사 밑천을 조달할 수 있었기 때문이다. 그리고 상인으로서 수련도 동시에 받았기 때문에 주인의 돈을 빌려서 장사를 떠난 그들은, 대부분 성공해서 귀향할 수 있었다. 만약 차인이 예기치 못하게 경제적 손실을 입은 경우에도, 주인은 그 손실이 차인의 개인적인 비행에서 비롯된 것이 아니면 재기할 수 있도록 지속적으로 자금을 융통해 주었다. 이런 관계였기 때문에 지방으로 장사를 떠난 차인은 경제적 성공을 거둘 수 있었다.

그렇다고 주인장인 '물주'가 아무런 대가 없이 사환에게 밑천을 빌려준 것은 아니었다. '물주'는 절대로 밑지는 장사를 하지 않는 개성상인이었다. 그가 사환에게 밑천을 빌려주는 것도 상업 활동의 일환이었다. 일제강점기 기록을 통해서 보면 주인은 이러한 자금 관계를 통해서 적지 않은 수익을 올릴 수 있었다. 주인이 차인에게 융통해 주는 밑천은 무상으로 제공하는 것이 아니라 일종의 신용 대출이었다.

일제강점기 기록에 의하면 그 대출은 무이자가 아니라 연리 15%의 금리가 적용되었다. 그리고 여기에서 그치지 않는다. 차인은 장사해서 벌어들인 수익을 주인과 절반씩 나누어 가져야 했다. 예를 들어 설명해 보자. 가령 주인이 1천만 원을 차인에게 빌려주었고, 차인은 그 1천만 원을 갖고 1년간 장사를 해서 5백만 원의 수익을 올렸다고 하자. 1년 후 주인을 찾아간 차인은 본인이 빌려 간 원금 1천만 원을 주인에게 돌려주고, 수익 5백만 원 중에서 15%의 이자에 해당하는 150만 원을 갚아야 했다. 남은 350만 원도 차인 몫이 아니었다. 그 수익을 주인과 반씩 나누어 가져야 했다. 즉 주인은 일종의 투자 수익으로 175만 원을 받았다. 결국 차인에게 떨어지는 몫은 175만 원만이었다. 1천만 원을 빌려 가서 1년간 장사해서 5백만 원을 벌었지만, 차인의 수중에 들어가는 것은 175만 원이었다.

이런 관계를 이해하게 되면 물주가 차인에게 자금을 융통해 주는 이유, 또 성공할 때까지 융통해 주는 이유를 짐작할 수 있다. 차인 입장에서는 불리하게 보일 수도 있지만, 장사 밑천이 없는 그로서는 무담보로 물주로부터 자금을 융통해서 장사를 수년 혹은 십수 년 간 하게 되면 적지 않은 재산을 모으는 것이 가능하였다. 그래서 그들은 기꺼이 그러한 관행을 받아들일 수 있었다. 사환이 주인에게서만 자금을 조달한 것은 아니었다. 이웃 혹은 친인척 등으로부터도 자금을 융통할 수 있었다.

차인의 기원은 개성상인의 기원과 같다고 할 수 있다. 15세기 중엽 이래 지방으로 장사를 떠난 가난한 개성상인들은 개성의 부자들로부터 자금을 빌렸다. 가난해서 누군가에게서 돈을 빌려서 장사를 한 그들은 차인과 비슷한 존재이다. 다만 조선 전기의 경우 빌려주는 사람과 빌려 간 사람 사이에 신뢰가 형성되지 못했다. 그래서 빈번한 소송이 발생했다. 이에 개성상인은 사환을 들여 상인으로 양성하고 그들에게 자금을 빌려주는 방식을 발전시켜서 실패를 최소화했다. 당연히 이런 관계가 구축되면서 채무자와 채권자 사이에 갈등도 거의 존재하지 않게 되었다.

이처럼 개성상인은 열 살 전후의 어린아이를 데려다 상업 현장에서 실무를 가르치면서 상인을 양성하고 그들에게 밑천을 빌려줘서 실패가 거의 없도록 했다. 그 결과 차인도 주인장도 서로에게 경제적으로 도움이 되는 존재가 되었다. 개성상인은 상인으로 나선 초창기부터 완숙한 상인이 아니었고, 시행착오를 거치면서 자신들만의 상업 전통을 만들어 갔음을 알 수 있다.

차인 혹은 지방 출상을 떠난 개성상인이 먼 곳으로 장사하러 간 경우에는 1년에 한두 번 정도 귀향하였다. 그들은 장사하는 타지에 '송방松房'이라는 거처하는 집 겸 가게를 두었다. 그렇지만 그곳에 정착하지 않았다. 성공하면 반드시 고향으로 돌아왔다. 따라서 처자식을 데려가지 않았다. 지방으로 장사를 떠난 개성상인의 귀향 본능 역시 개성상인의 한 특징이 될 것이다.

개성상인 재생산 시스템의 의미

개성상인의 '상인 재생산 시스템'은 5백년 가까이 최고 상인으로 군림한 개성상인을 가능케 한 핵심이었다. 상인 수련 과정을 거친 이들은 완숙한 상인으로 거듭났다. 그들은 어떤 곳에서 장사하더라도 성공할 수 있는 능력을 갖추게 되었다. 실제로 그들은 전국 방방곡곡 진출하지 않은 곳이 없었다. 타지로 장사하러 가는 이들은 대개 가난하였으므로 밑천을 누군가로부터 조달해야 했다. 이에 대해서는 가게 주인, 주변 어른들이 물주로 역할을 했다. 그들은 철저한 상업적 계산에 근거해서 밑천을 제공했다. 그리고 그 밑천으로 장사하는 지방 출상인은 근검절약하지 않으면 돈을 모으기 힘들었다.

말 그대로 입을 것 안 사 입고, 먹을 것을 아끼고 그래서 구두쇠라는 소리를 들으면서 절약하는 생활을 했다.

'상인 재생산 시스템'이 핵심인 이유는 어느 시대이든지, 또 어떤 정치 권력이 들어섰든지 개성상인은 그런 정치 환경의 변화와는 무관하게 자신들의 '상인 재생산 시스템'이 정상적으로 작동하면 굳건히 살아남을 수 있었기 때문이다. 임진왜란과 병자호란을 겪으면서도 또 개항기와 일제 식민 지배라는 위기 속에서도 개성상인이 위축되지 않고 건재할 수 있었던 동력은 바로 '상인 재생산 시스템'에 있었다.

월남 개성상인의 경제적 성공도 '상인 재생산 시스템'이란 관점에서 보면 충분히 이해할 수 있다. 이회림, 이정림 같은 월남 개성인은 고향으로 다시는 돌아가지 못했다. 그들 개인적으로 매우 슬픈 일이 아닐 수 없다. 그러나 개성상인이란 관점에서 보면, 그들에게 남한은 장사하러 진출한 지역 중 하나였다. 비록 고향을 상실하고 1년에 한두 차례도 방문할 수 없었지만, 타지에서 장사하는 것은 개성상인에게 매우 익숙한 방식이었다. 월남 개성인은 남한의 여러 도시에 흩어져 살았지만 그곳에서 크고 작은 기업과 공장을 성공적으로 경영했다. 그들의 성공은 지방 출상이란 전통적인 방식에서 보면 자연스러운 현상이 아닐 수 없다.

이처럼 개성상인은 상인으로 나선 초창기에는 사채 문제를 일으키는 등 내부적으로 갈등이 컸다. 그러나 16세기를 거치면서 '상인 재생산 시스템'을 구축함으로써 그것을 극복했다. 시행착오를 겪었고, 그것을 슬기롭게 극복한 것이다. '상인 재생산 시스템'이 일단 구축되고 정상적으로 작동하자, 개성상인의 정체성과 탁월한 상업적 능력을 지닌 수많은 상인이 꾸준히 배출되었다. 그들은 정치 권력의 변화와는 무관하게 전국 곳곳에 진출하여 장사했고, 그들 대부분은 성공을 거두었다. 이처럼 개성상인의 '상인 재생산 시스템'은 수백 년간 개성상인이 최고의 상인 집단으로 활약할 수 있게 한 핵심적인 상업 전통이었다.

개별 개성상인 사례

지금까지는 대체로 상인 집단으로서 개성상인 내부의 상업 전통에 대해서 설명하였다. 여기에서는 개별 개성상인의 존재 및 활동을 살펴보자. 조선시대는 '사농공상'이란 말에서 알 수 있듯이, 상업과 상인을 천시하였다. 그 영향으로 상인에 대한 기록은 매우 적다. 따라서 개별 개성상인의 전반적인 생애와 활동을 알 수 있는 기록은 거의 전하지 않는다. 다만 몇몇 개성상인의 경우 상업 활동의 일면을 확인할 수 있다. 이러한 자료적 한계는 매우 아쉬운 일이지만, 이를 감안하면서 개별 개성상인의 사례를 살펴보자.

16세기 전반의 한순계韓舜繼

우선 소개할 인물은 한순계이다. 그의 생몰연대는 알 수 없다. 다만 그와 관련된 일화 중에 율곡 이이(1537~1584)와 우계 성혼(1535~1598)이 등장하므로 16세기 중후반에 활동한 인물로 볼 수 있다. 그가 이목을 끄는 이유는, 정치적 이유로 개성인들이 과거를 포기하고 상업의 길로 들어설 수밖에 없었던 개성인의 처지를 잘 보여주는 인물이기 때문이다.

그의 묘갈명에 의하면, 그의 아버지와 할아버지는 동의교위와 효

력부위를 지냈다. 이를 보면 그의 집안은 무반 계통의 양반 가문이었다. 그는 향교의 재학생인 교생이 되라는 개성 유수의 권유를 받을 만큼 학문적 소양도 있었다. 그가 높은 학문적 소양은 지녔음은 그가 문집을 남긴 사실에서 충분히 알 수 있다. 학문적 소양이 있는 그는 과거를 통한 입신출세의 길을 생각할 수 있었다. 그러나 한순계는 그 길을 포기하였다. 대신 그는 유기그릇을 만들어 파는 장인 겸 상인의 길을 선택했다.

16세기가 되면 개성인들도 과거를 통한 관직 진출이 가능하였다. 그러나 관직 생활에도 차별은 존재하였다. 개성 출신 관료들은 지방관을 전전할 뿐 중앙 관직으로 진출할 기회는 적었다. 주변의 과거 응시 권유를 거부하면서 한순계가 내세운 이유는, 자신이 유기를 만들어 팔지 않으면 어머니가 굶주림을 면할 수 없다는 것이었다. 그러나 이는 표면적인 이유에 가깝다. 과거에 합격하면 녹봉이 나오기 때문에 그것으로도 어머니를 충분히 봉양할 수 있다. 더욱이 유기그릇 장사꾼과 양반 관료에 대한 사회적 평판은 큰 차이가 있는 만큼 과거를 통한 관직 진출이 당연히 더 선호되었다. 그렇지만 그는 과거를 통한 입신출세를 포기하고 수공업자이면서 상인의 길을 선택하였다.

한순계의 선택을 올바로 이해하기 위해서는 개성인에 대한 정치적 차별을 상기하지 않을 수 없다. 개성인에게 비록 과거의 문은 열렸으나 그것은 또 다른 차별을 수반한 것이었다. 그리고 개성인은 대대로 고려 유민으로서 조선 왕조에 대한 강한 반항심을 갖고 있었다. 한순계 역시 그러한 정서를 공유한 개성인이었던 것 같다. 고려 유민으로서 개성인의 정체성을 깊게 자각할수록 과거를 통한 입신의 길을 선택하기는 어려웠다. 반면 개성인의 정체성을 간직하면서 현실에서 종사할 수 있는 업종은 수공업과 상업이었다. 한순계의 선택은 이러한 정치적·역사적 맥락에서 이해할 수 있을 것이다.

그가 상인이 된 이유가 개성인으로서 받은 정치적 차별에서 기인한 만큼, 그의 상업 활동이 일반적인 상인의 그것과 같을 수는 없었고, 실제로도 그러하였다. 그는 상업 활동을 통해서 큰돈을 벌 욕심이 없었다. 그와 관련된 일화가 전한다. 그는 유기를 아주 잘 만들어서 그의 유기는 품질이 매우 우수하였다. 게다가 가격까지 저렴하였다. 그러니 그의 유기를 사려는 사람이 줄을 설 정도였다. 그의 유기 장사가 잘되자 같은 업종에 종사하는 사람들이 손해를 보게 되었다. 그러자 그는 다른 유기 상인들이 피해를 받지 않도록 해가 중천에 들기도 전에 늘 가게 문을 닫았다고 한다.

그의 호는 시은市隱이다. 한순계는 그의 호가 뜻하는 것처럼, 저자에 살면서 세상에 자신을 드러내지 않는 삶을 살았다. 일설에는

그림 15
『시은집』, 국립중앙도서관 소장

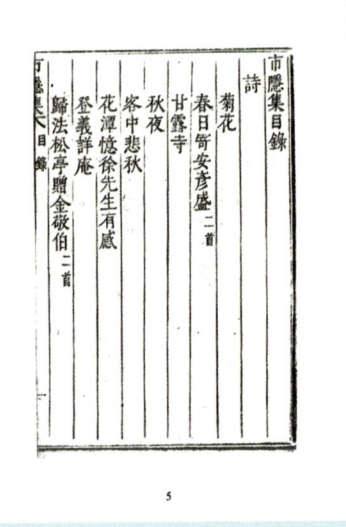

그림 16
『시은집』 목차

이 호를 율곡 이이와 우계 성혼이 지어주었다고 한다. 두 사람이 개성을 지나는데, 어떤 사람이 한순계에 대해 얘기해 주자 그 이야기를 들은 두 사람은 '이 사람이 바로 시은市隱이다.'라고 말하고, 그 길로 한순계를 방문하여 만났다는 것이다. 이에 마을 사람들이 그를 '시은 선생'이라 불렀고 '시은'이 그의 호가 되었다고 한다. 그의 문집 제목도 『시은집』이다.

18세기 초반의 임창택林昌澤

임창택은 1682년에 태어나서 1723년에 세상을 뜬 개성인이다. 그 역시 한순계처럼 학식과 문장이 높았다. 일찍이 그는 자신의 시를 들고 서울의 김창흡을 찾아갔다. 임창택의 시를 읽은 김창흡은 경탄하며 그를 추어주었고 그로 인해 그는 한양에서 이름을 날릴 수 있었다. 1710년에 성균 진사에 뽑혔지만 일이 어긋나 쓰이지 못하고 궁벽하게 살면서 노부모를 봉양하였다. 여기에서 쓰이지 못했나 함은 그가 개성인으로서 스스로 과거를 통한 관직 진출이 여의치 않았음을 의미한다. 그는 유명한 『해동악부』를 지었고, 국문학계에서는 이 책과 관련된 다수의 논문이 발표되었다. 한순계보다 훨씬 역사적으로 유명한 인물이다.

한말 개성 출신 유학자 겸 역사가인 창강 김택영은 개성 출신 인물에 대한 많은 기록을 남겼다. 그 가운데는 임창택에 대한 글도 있다. 그 글에 의하면 임창택은 개성상인으로서 활동한 사실을 확인할 수 있다. 그 개략적인 내용을 소개하면 아래와 같다.

어느 날 임창택은 마을의 부자를 찾아가서 "저에겐 늙으신 부모님이 있는데 가난하여 봉양할 수가 없습니다. 당신에게 밑천을 얻어 사방으로 돌며 장사를 해서 소원을 이루고자 합니다. 저는 장사에 밝으니 당신은 염려하지 않아도 됩니다."라고 말했다. 이에 그

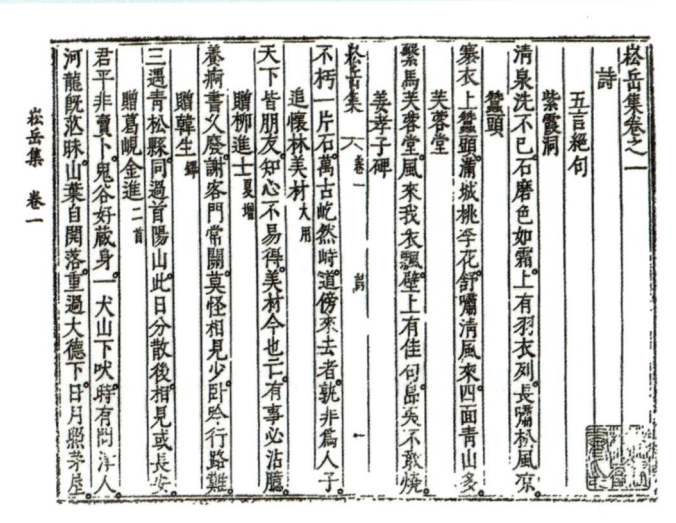

그림 17
『송악집』, 한국고전종합DB에서 전재

부자는 "선생은 유자儒者인데 어찌 이런 말씀을 하십니까. 내게 돈과 양곡이 있으니 부족함이 있으면 알려주십시오." 했다. 그러나 임창택은 "아무런 이유 없이 남의 음식을 먹는 것은 의義가 아니요, 그런 방법으로는 오래 갈 수 없습니다."라고 말했다. 부자는 임창택의 요구를 받아들였고, 임창택은 행상을 꾸려서 충청도로 가서 몰래 장사했다.

어느 날 재상집에 들어가 비단을 판매하는데, 부인네가 쓴 비단

물목이 내방內房에서 나오는 것을 보고 손으로 직접 받지 않았다. 재상이 이상하게 생각하여 이야기를 나누다가 그가 임창택임을 알고 깜짝 놀라면서, "재상 가운데 사람이 없어, 선생을 이 지경에 이르게 했습니다."라고 말했다. 임창택의 효심을 해칠 수 없어서, 재상은 자기 집 노비에게 대신 장사하도록 하고, 자기 자제들에게 임창택을 스승으로 모시도록 했다. 그가 그곳에 머문 지 몇 년에 이익을 불린 것이 자못 많았다. 이에 장부를 계산하여 부자에게 되돌려 주고, 그 나머지를 가지고 되돌아와 부모를 봉양했다.

김택영이 기록한 상인 임창택의 행적을 보면, 앞에서 살펴본 개성상인의 여러 상업 전통을 따르면서 상업 활동을 전개한 사실을 확인할 수 있다. 우선 그는 가난하여서 부모를 봉양하기 어려웠다. 그래서 상인의 길로 들어섰다. 가난한 그는 장사하려고 해도 밑천이 없었다. 그래서 개성의 부자에게서 장사 밑천을 빌렸다. 장사 밑천을 마련한 임창택은 충청도 지방으로 가서 장사했다. 이른바 '지방 출상'의 방식으로 장사한 것이다.

위 기록에 의하면 충청도로 간 임창택은 본인을 인정해 주는 인물을 만나서 직접 행상을 하지 않아도 되었다. 대신에 그는 재상집 노비를 활용해서 장사했다. 그의 지방 출상은 수년에 걸쳐서 지속되었다. 그리고 여느 개성상인처럼 이익을 많이 불릴 수 있었다. 이에 그는 장부를 계산하여 자신에게 장사 밑천을 빌려준 부자에게 약정된 액수를 갚고 그 나머지 돈을 자기 몫으로 하여 부모를 봉양할 수 있었다.

임창택이 활동한 시기는 18세기 초반으로 개성상인의 상업 전통이 단단하게 형성되어 활용되고 있었던 시기였다. 임창택은 개성상인의 그런 상업 문화 속에서 장사했고 성공을 거둘 수 있었다.

한순계와 임창택은 16세기와 18세기 초반에 활동한 개성상인들이다. 이 둘은 학식을 겸비하고 국가에서 능히 쓰일 수 있는 인물들이었지만, 개성인이 받는 차별을 의식하고 관직 진출은 포기하고 상인의 길에 들어섰다. 이 두 사람의 사례를 통해서 상당한 학문적 소양을 지닌 개성인도 상업 방면으로 진출할 수밖에 없었던 상황을 충분히 알 수 있다.

17세기 초반의 유성有成, 천인에서 상인을 거쳐 양반으로[127]

17세기 초 개성 유수를 역임한 이덕형은 「송도기이」를 남겼음은 앞서 언급했다. 그 글에는 개성과 관련된 인물들의 일화가 다수 실려 있다. 그중에는 천인 신분에서 장사를 통해 부를 축적하고 그 부를 지렛대 삼아 양인이 되고 후손들은 양반으로까지 신분이 상승한 사례가 있다. 그 주인공의 이름은 유성이었다.

그림 18
개성상인, 『朝鮮人の商業』(1925) 17쪽, 국립중앙도서관 소장

유성은 송도의 천한 사람이었다고 하니 천인, 즉 노비였다. 그의 일화에 등장하는 실존 인물을 참조하면 그는 16세기에 살았던 인물이었다. 한순계처럼 이른 시기의 개성상인이라고 할 수 있다. 그는 큰 키에 용모가 뛰어났다고 한다. 수령이 유성의 뛰어난 외모가 남다르다고 판단해서 군적에서 빼주었다고 한다. 군적에서 빠진 이후 유성은 장사에 힘썼다고 한다. 그가 어떤 장사를 했는지는 나오지 않는다. 그렇지만 그는 장사를 통해서 넉넉한 재산을 모았다. 장사를 통해 자수성가한 것이다.

재산을 일군 유성은 천인 신분에서 벗어나기 위해 움직였다. 그의 어머니 말에 따르면 어머니는 서울에 사는 감찰 벼슬을 지낸 김씨 집안의 종이었다. 유성의 아버지가 서울로 장사하러 왔다가, 이

웃집 할멈을 통해서 어머니를 만났고 그 길로 송도로 함께 갔다는 것이다. 양반집 노비였던 어머니는 도망을 친 셈이 된다. 여기서 홍미로운 대목은 유성의 아버지가 서울에 장사하러 갔다는 내용이다. 유성의 아버지도 다른 지역에 가서 장사하는 개성상인이었음을 짐작할 수 있다. 다만 개성상인은 서울에서 장사하는 것을 좋아하지 않았다고 하므로 유성의 아버지는 다소 예외적인 장소를 선택한 셈이다.

어머니가 주인집에서 도망치고 40여 년이 지났지만, 부자가 된 유성은 재물을 갖추어서 어머니의 주인댁인 김감찰의 집을 찾아갔다. 김감찰은 10여 년 전에 이미 죽고 부인과 딸이 생존했는데, 가세가 기울어 가난했다. 이에 유성은 정기적으로 공물과 선물을 바쳤다. 그렇게 5~6년이 지나서 부인이 병환으로 돌아가시게 되었다. 그때도 유성은 귀한 음식을 바쳐 지극한 정성으로 받들었다. 김감찰의 부인은 결국 죽기 전에 노비 신분을 면해주는 문서를 내려주었다. 유성은 극구 사양했다고 하지만 끝내는 그 문서를 받았다. 유성과 그의 어머니가 노비 신분에서 벗어나는 순간이었다.

유성에게는 네 아들이 있었다. 그 아들들 역시 모두 장사를 하여 부자가 되었다고 한다. 그 자손들이 경향에 흩어져 사는 자가 몹시 많았는데, 무과로 벼슬이 수령과 변장邊將에 이른 자까지 있었다.

이는 유성의 후손들 중에 양반으로 신분이 상승한 집안이 있었음을 의미한다. 노비에서 시작한 유성이 장사를 통해 부를 축적한 후 천인 신분에서 벗어나고 마침내 그 후손대에 양반 신분으로까지 상승한 것이다. 유성의 성은 이씨라고 하는데, 면천 후에 얻었을 것이다.

유성이 장사 방식은 서술되어 있지 않지만 그도 여느 개성상인처럼 주변 사람들로부터 밑천을 빌려서 장사를 떠났고, 수년간 타지에서 장사하면서 재산을 모았을 것이다.

나오는 말

 개성상인을 올바로 이해하기 위해서는 그들의 상업 전통을 알아야 한다. 개성상인은 상인을 양성하고, 양성된 상인이 타지로 가서 장사하고, 또 그들에게 장사 밑천을 빌려주고 이자를 받는 등의 고유한 상업 전통, 상업 문화를 갖고 있었다. 탁월한 상업 전통 덕분에 개성상인은 당대 최고의 상인이 될 수 있었고 또 550년이 넘는 세월 동안 존속할 수 있었다.
 개성상인의 상업 전통은 우연의 산물이 아니었다. 그것은 역사적 산물이었고 시행착오의 결과물이었다. 개성상인은 단순히 지역을 기반으로 한 상인이 아니었다. 그들은 고려 멸망과 조선 건국 그리고 이어진 한양 천도라는 역사적 격변을 배경으로 등장했다. 한양 천도로 도읍의 지위를 상실한 개성은 그 위상과 위세가 하락했고, 인구도 감소했다. 도읍일 때와는 조건이 크게 바뀐 것이다. 그에 더해 조선 건국 이후 80년 이상 개성에서는 과거를 시행하지 않았다. 개성인은 과거를 통해 관직 진출이 차단된 것이다. 뿐만 아니라 개성의 입지는 농지가 매우 협소하고 토질도 좋지 않아서 그곳 사람들이 농사를 지으며 살기도 힘들었다. 이처럼 '사농공상' 중에서 '사'와 '농'을 선택하기 힘들게 되자 그들에게 남은 것은 '공'과 '상'이었다. 개성인은 자신들에게 주어진 제약을 피하지 않았고 결국 상인으로 장인으로 변신하여 생계를 도모했다. 이런 역사적 배경과 조건 속에서 개성상인은 등장했다. 등장 시기는 15세기 개성상인의 직업을 거론한 자료들을 면밀히 검토해 보면 대개 1450년대 무렵인 것으로 이해된다.

역사에 등장한 개성상인은 새로운 상업 방식을 선택했다. 그것은 개성 시내에서 장사하는 것이 아니라 타지로 가서 그곳에서 장사하는 것이었다. 개성상인이 이 방식을 선택할 수밖에 없었던 이유가 있다. 개성 시내에도 점포가 있고 그곳에서 활동하는 상인이 있었다. 그렇지만 그 수는 한정적이었다. 반면 상인으로 나선 개성인은 그보다 훨씬 많았다. 개성상인의 수가 개성 시내 상권이 포용할 수 있는 수준을 초과한 것이다. 개성 시내에서 장사할 형편이 안 된 이들은 다른 지역으로 가서 장사할 수밖에 없었다.

다른 지역에 가서 장사하는 이들은 대개 가난했다. 그들은 개성의 부유한 이들로부터 장사 밑천을 빌려서 장사를 떠났다. 그런데 개성상인이 상인으로 나선 초창기이고 또 새로운 방식으로 장사를 했던 만큼 상업적 능력이 좋았다고 보기 힘들다. 이는 그들 중 적지 않은 사람이 장사를 잘하지 못했음을 의미한다. 타인으로부터 밑천을 빌렸는데 장사를 성공적으로 하지 못하면 제때 갚기가 어렵다. 실제로 1502년 무렵 개성에서는 밑천을 빌려준 사람들이 제때 갚지 않는다고 관아에 호소해서 큰 문제가 되기도 했다.

조정에서는 개인 간 채무 문제이므로 관아가 개입하지 못하게 했다. 개성상인 스스로 사채 문제를 해결해야 했다. 개성상인은 사채 문제를 해결하는 과정에서 '상인 재생산 시스템'을 구축해 갔다. 이를 통해서 사채 문제와 같은 개성상인 내부의 갈등을 해결했고 더 나아가서 상업적 능력이 뛰어나고 신뢰할 만한 상인을 양성할 수 있었다.

'상인 재생산 시스템'은 크게 두 단계로 이루어졌다. 그 첫 단계에서는 열 살 정도의 아이를 가게에 들여서 수년 혹은 십수 년에 걸쳐서 장사를 가르쳤다. 사환 초기에는 보수를 지급하지 않았지만 아이 입장에서는 장사를 배울 수 있고 이후 밑천도 빌릴 수 있어서 불리한 조건을 감내했다. 수년 간 사환 생활을 통해서 완숙한 상인이 되면 독립해서 자신만의 장사를 했다. 이때 밑천이 없거나 부족한 경우가 많았으므로 대개 가게 주인이었던 사람이 장사를 시작하는 젊은 개성상인에게 밑천을 빌려줬다. 그 조건은 밑천을 빌리는 사람에게 불리했다. 그렇지만 가난한 개성상인이 자수성가할 수 있는 길이었으므로 그들은 불리함을 받아들였다.

앞서 보았듯이 개성상인은 16세기를 전후해서 사채 문제로 대표되는 내부 갈등이 심각했다. 이를 '상인 재생산 시스템'을 구축함으로써 해결했다. '상인 재생산 시스템'은 사채 문제만 해결한 것이 아니었다. 그 시스템을 통해서 훌륭한 개성상인이 끊임없이 배출될 수 있었고, 그들은 전국 방방곡곡 진출하지 않은 곳이 없었다. 진출한 거의 모든 곳에서 초반에는 고전하기도 했겠지만 주인의 자금 지원이 있었기에 끝내는 성공을 거둘 수 있었다. 개성상인이 전국의 상권을 장악했다는 말을 종종 쓰는데 그 배경과 동력은 여기에 있었다고 할 수 있다. 그리고 그 시스템에 의해서 개성상인은 수백 년간 최고의 상인으로 군림할 수 있었다.

한편 조선시대 개성상인이 1450년대 이후 등장했다고 이해하는 방식은 조선의 개성상인을 고려시대 개성에서 활동했던 상인—그들을 '개성상인'이라고 부르지는 않지만, 개성을 기반으로 활동했으므로 '개성상인'으로 부를 수는 있다고 생각한다—과는 다른 존재라는 인식과 맞물려 있다. 두 상인 간에는 공통점보다는 차이점이 더 많다고, 연속하는 지점이 있지만 단절적인 측면이 더 크다고 생각한다.

두 상인은 거주지와 활동 근거가 개성이라는 공통점이 있다. 이는 매우 강력한 공통점이어서 두 시기의 개성상인을 연속성이 강하고 비슷한 상인으로 보게 한다. 이는 고려의 개성상인과 조선의 개성상인 사이에 연속성이 크다는 이해로 이어질 것이다.

그러나 고려시대와 조선시대를 비교해 보면 개성의 위상은 각각 도읍과 지방 도시로 크게 달랐다. 위상의 변화에 따라 상업 방식에도 큰 차이가 있었다고 봐야 한다. 고려시대 개성은 도읍으로서 전국에서 상업이 가장 발달한 곳이었다. 국내 교역의 중심이었고 국제 무역에서도 존재감이 컸다. 또 고려인은 조선인보다 상업에 대해 우호적이었고, 상업을 천시하는 인식도 약했다. 고려시대 개성 상업의 독보적인 위상과 상업을 긍정적으로 인식하는 분위기가 조선시대에 개성인이 상인으로 나설 때 일정하게 영향을 끼쳤다고 생각한다. 그렇지만 고려의 개성상인과 조선의 개성상인은 상업 방식이 크게 달랐다. 상업 방식이 다른 이유는 고려와 조선에서 개성의 위상이 달랐기 때문이다.

조선시대 개성은 세월이 흐르면서 수도의 영화는 잃고 지방 도시로 쇠락했다. 수도일 때의 상업 방식과 지방 도시로 전락하였을 때의 상업 방식이 같을 수 없다. 상업 규모도 크게 차이가 날 뿐 아니라 그곳에서 활동하는 상인의 유형, 활동 방식도 다를 수밖에 없다.

도읍은 전국의 물산이 모여드는 곳이다. 도읍을 기반으로 활동하는 상인은 대체로 도읍에 정주하며 전국에서 모여드는 물산의 거래를 담당했다. 도읍에 설치되기 마련인 시전에서 활동한 '시전 상인'이 대표적인 존재이다. 조선시대 서울 상업의 대표적인 존재로 시전 상인이 꼽히듯이, 고려시대에도 개성의 상업을 대표하는 존재는 시전에서 활동하던 상인들이었다. 시전 상인은 국내 물품은 물론 외국에서 들어온 물품도 거래했다. 그들은 도성으로 들어오는 물품들을 시전을 통해서 거래했다. 판매할 물품을 구하기 위해서 혹은 장사하기 위해서 다른 지역으로 진출할 필요는 없었다.

반면 도읍의 지위를 상실한 개성에는 전국의 물산이 모여들지 않았다. 인구도 크게 줄어서 15세기 중엽 이후 개성 인구는 3만 명 내외로 추산되었다. 이런 상황에서 다수의 개성인이 장사를 하기 시작했다. 개성의 3만여 명을 대상으로 상업 활동을 전개할 수 있는 상인 수는 제한적이었다. 비교적 경제력이 있는 이들은 개성 시내에서 장사했다. 그런데 3만여 명을 대상으로 할 때 적정한 상인 수보다 더 많은 개성상인이 장사를 했다. 모두가 개성 시내에서 장사한다면 공멸이 자명하다. 어쩔 수 없이 일부는 개성 시내에서 장사하지 못하고 다른 방법을 찾아야 했다. 그들이 택할 수 있는 방식은 다른 지역에 가서 장사하는 것이었다. 소수의 개성상인만 개성 시내에서 장사를 하였고, 다수는 고향을 떠나 타지에 가서 장사했다. 개성상인 가운데 개성 시내에서 장사하는 사람보다 타지에 가서 장사하는 이가 훨씬 많았다. 조선시대 개성상인의 핵심 상업 방식은 바로 이것이었다. 이를 '지방 출상'이라고 부를 수 있을 것이다.

이처럼 고려시대 개성상인이 개성을 중심으로 전국에서 모여드는 물산을 거래하는 방식으로 활동했다면, 조선시대 대다수의 개성상인은 일정 기간 고향을 떠나 타지에서 장사했다. 같은 개성이란 공간을 공유했지만, 고려와 조선에서 개성이 처한 상황이 크게 달랐고, 그에 따라 상인의 상업 방식에도 큰 차이가 있었다. 두 상인 사이에 보이는 이러한 차이는 각 상인의 특징이었다고 할 만큼 중요하므로 고려의 개성상인과 조선의 개성상인은 서로 다른 존재로 파악해야 할 것이다.

주석

들어가는 말

1 월남한 개성상인이 세운 주요 기업으로는 아모레퍼시픽, 녹십자, 신도리코, 한일시멘트, OCI(동양제철화학), 대한유화공업주식회사, 빠이롯트, 삼정펄프, 서울농약 등이 있다. 이 외에도 월남 개성상인이 세운 크고 작은 기업은 꽤 많다. 현재 설립자는 대부분 돌아가시고 그들의 2세가 기업을 계승하여 경영하고 있다. 2세들 중에서 개성상인의 후예임을 인식하고 그 정체성을 잃지 않으려는 기업인(대표적으로 아모레퍼시픽)은 소수인 것 같다.

2 김후진,「'원로 松商' 무대 뒤로 … 이회림 동양제철화학 명예회장 대표이사직 사임」,『한국경제』, 2005. 7. 1. "이 명예회장은 1959년 동양화학공업(동양제철화학 전신)을 창업, 한국 화학산업의 기틀을 닦았다. 절제, 절약, 신용이라는 송상(개성상인) 정신을 필생의 신조로 삼아온 그는…", https://www.hankyung.com/article/2005070157011

3 이회림,『내가 걸어온 길: 동양화학 이회림 명예회장 자서전』, 삶과꿈, 1999.

4 이정민,「개성상인 1세대 윤장섭 회장 별세」,『아시아경제』, 2016. 5. 16., https://www.asiae.co.kr/article/2016051609235524634

5 강성할,「박광현 제일항역 회장, 해양대 발전기금 1억 원 쾌척」,『부산일보』, 2023. 1. 6., https://www.busan.com/view/busan/view.php?code=2023010813065328728

6 개성상인이라고 칭할 만한 분들이 살아 계신 것은 맞다. 그렇다고 개성상인

이 현재도 건재하게 활동하고 있다고 말하기는 어렵다. 그 이유는 개성상인의 핵심은 개별 개성상인보다는 개별 상인을 모두 아우르는 집단성에 있기 때문이다. 현재 상황을 보면 개별 개성상인은 존재하지만 집단으로서 개성상인은 존재한다고 보기 어렵다. 살아 있는 개별 개성상인도 고령으로 실제 경제 활동은 거의 수행하지 못하고 있다. 개성상인이 살아 있지만, 우리가 상식적으로 이해하는 개성상인 조직은 없는 것이다.

1. 개성상인의 기원

7 이익, 『성호사설』 12, 「인사문」.
8 『태조실록』 태조 1년 8월 13일 임술.
9 『태조실록』 태조 1년 9월 3일 신사.
10 『태조실록』 권3, 태조 2년 1월 19일 을축.
11 『태조실록』 권3, 태조 2년 2월 13일 무자.
12 『태조실록』 권5, 태조 3년 2월 18일 무자.
13 『태조실록』 권6, 태조 3년 6월 27일 을미.
14 『태조실록』 권6, 태조 3년 8월 12일 기묘.
15 『태조실록』 권6, 태조 3년 8월 13일 경진. 태조는 한양에 행차해서 서운관 관원, 왕사 자초, 재상들과 논의를 거쳐서 한양을 새 도읍지로 결정했다. 그런데 개성에 돌아와서는 도평의사사가 한양을 새 도읍지로 선정할 것을 아뢰는 형식을 취했다.

16 『정종실록』 권1, 정종 1년 2월 1일 임인.
17 『정종실록』 권1, 정종 1년 2월 15일 병진.
18 『정종실록』 권1, 정종 1년 2월 26일 정묘.
19 김윤주, 「조선 초기 천도와 移御의 정치사-수도 한양의 위상 강화 과정을 중심으로-」, 『서울학연구』 45, 서울시립대학교 서울학연구소, 2011, 8쪽.
20 『정종실록』 권1, 정종 1년 6월 27일 병인.
21 『정종실록』 권3, 정종 3년 1월 28일 갑오.
22 『정종실록』 권3, 정종 2년 2월 4일 기해.
23 『정종실록』 권6, 정종 2년 11월 11일 신미.
24 『정종실록』 권6, 정종 2년 11월 13일 계유.
25 『태종실록』 권4, 태종 2년 7월 1일 임진.
26 이는 한양 재천도가 아니라 완전히 개성으로 환도하는 것을 의미하는 것으로 갑자기 태종이 이러한 이야기를 꺼낸 의도는 명확하지 않다. 실제로 그렇게 할 생각이 있었던 것인지, 아니면 한양 재천도를 밀어붙이기 위한 명분을 쌓기 위함인지는 자료로 확인되지 않는다.
27 『태종실록』 권8, 태종 4년 8월 26일 을미.
28 『태종실록』 권8, 태종 4년 9월 1일 기해.
29 『태종실록』 권8, 태종 4년 10월 6일 갑술.
30 『세종실록』 세종 20년 10월 15일.
31 『세종실록』 세종 8년 1월 17일.
32 『태종실록』 태종 12년 4월 6일.
33 『태종실록』 태종 15년 11월 15일.
34 『태종실록』 태종 18년 2월 22일; 『세종실록』 세종 8년 1월 17일.
35 『정종실록』 정종 1년 2월 26일. 태종에 의하면 개경 환도의 진짜 이유는 巨

室이 모두 **舊都**를 그리워하였기 때문이다(『태종실록』 태종 13년 8월 1일).

36 『태종실록』 태종 10년 9월 17일.

37 『태종실록』 태종 10년 9월 18일.

38 두 차례에 걸친 태종의 개성 이어는 단순히 개인적인 정서 문제뿐 아니라 보다 복잡한 정치적 복선이 있었다고 한다. 이에 대한 자세한 내용은 김윤주, 「조선 초기 **遷都**와 **移御**의 정치사–수도 한양의 위상 강화 과정을 중심으로」, 『서울학연구』 45, 서울시립대학교 서울학연구소, 2011 참조.

39 『태종실록』 태종 18년 2월 6일; 태종 18년 7월 2일.

40 『세종실록지리지』 개성유후사. 태종은 목청전에 태조 화상을 모시고 **殿直** 2인을 두었다. 또 **殿宇** 옆에 숭효사를 세워 명복을 빌게 하고 **敎宗**에 붙여 밭 200결, 노비 35명을 주었다.

41 『태종실록』 권35, 태종 18년 6월 2일 신사; 6월 3일 임오; 8월 10일 정해.

42 반면 **新都** 한양은 궁궐, 각사, 시전, **第宅**뿐 아니라 도로, 성곽 등 제반 시설을 조성 중이거나 공사가 끝나도 얼마 지나지 않았기 때문에 안정되지 않았을 것이다.

43 『세종실록』 세종 8년 1월 17일.

44 『세종실록』 세종 8년 1월 17일.

45 경기 감찰사 겸임 폐지가 3년 만에 번복된 것은 개성의 재정 문제를 해결하려는 목적이 컸지만, 달리 보면 1420년대까지 개성이 어느 정도 위세를 유지하고 있었기 때문일 것이다.

46 『세종실록』 세종 20년 10월 15일.

47 『세종실록』 세종 21년 6월 5일.

48 『세종실록』 세종 20년 10월 9일, 12일, 14일, 15일.

49 『세종실록』 세종 27년 1월 27일.

50 『세조실록』 세조 9년 1월 28일.

51 『세조실록』 세조 11년 10월 15일.

52 『세조실록』 세조 11년 11월 15일.

53 『예종실록』 예종 1년 6월 13일; 『예종실록』 예종 1년 6월 29일; 『예종실록』 예종 1년 7월 1일.

54 1460년대 이후 개성은 京官으로 남았다. 그렇지만 국왕과 조정 신료들은 개성을 舊都로서 혹은 兩京으로서 배려하지 않았다. 이후 기록에도 舊都, 故都 등의 표현이 보이지만, 이때가 되면 관습적인 호칭에 그쳤고, 호칭에 맞는 정책 지원은 미약했다.

55 유호인, 「유송도록」, 1477, 『조선 사람들의 개성 여행』, 진관수 옮김, 지식을만드는지식, 2012, 30쪽.

56 유호인, 앞의 책, 53쪽.

57 남효온, 「송경록」, 1485, 『조선 사람들의 개성 여행』, 진관수 옮김, 지식을만드는지식, 2012, 85-87쪽.

58 『태조실록』 태조 1년 7월 28일 정미.

59 『태조실록』 태조 1년 8월 23일 임신.

60 류주희, 「조선초 비개국파 유신의 정치적 동향」, 『역사와 현실』 29, 한국역사연구회, 1998.

61 『세종실록』 세종 11년 10월 16일. 이 기록은 주목할 필요가 있다. 당시까지는 개성에 남은 사람들의 동향과 관련하여 상업은 언급되지 않기 때문이다. 즉 이때까지는 개성 사람들은 경제적 활로를 관직 진출 혹은 농업에서 찾았고 아직 상업 방면에서 구한 것은 아니다.

62 『태종실록』 태종 9년 3월 3일.

63 『중경지中京誌』 國朝記事 태종 12년(영인본 61쪽). 이는 寒士로서 抗節하고

벼슬에 나오지 않은 길재의 절의를 포상하면서 한 말이다.
64 『세종실록』 세종 8년 1월 17일.
65 『세종실록』 세종 11년 10월 16일.
66 『세종실록』 세종 12년 10월 17일.
67 『단종실록』 단종 즉위년 7월 26일.
68 『성종실록』 성종 23년 8월 5일.
69 박평식, 「조선전기 개성상업과 개성상인」, 190-191쪽.
70 『고려사高麗史』 卷102, 列傳15 俞升旦, 下冊 247쪽(박평식, 앞의 논문, 30쪽에서 재인용).
71 『증보문헌비고增補文獻備考』 戶口.
72 『세종실록지리지』 京都 한성부. 성저십리의 호수는 1,779호였다.
73 『지리지』 기록은 개성이 '유후사'로 표기된 것을 보면 1438년 이전 내용인 듯하다. 그렇다면 한양 재천도 이후 30년 정도 지난 시점의 기록으로 이해된다.
74 천도 이후 개성부의 위상 격하와 인구 유출은 17세기 초 조선 사람들의 일반적인 인식이기도 하였다. 1648년 개성에 대한 역사를 처음 기록한 김육의 『송도지』에 따르면, 그 내용이 비록 開京 시대와 비교한 것이지만 '南遷後 개성은 날로 시들고 줄어들었다'(金堉, 『松都志』 土俗(영인본, 79쪽)).
75 김육金堉, 『송도지松都志』 人物(영인본, 48쪽).
76 『중경지』 國朝記事 태조 원년, 3년(영인본, 58-59쪽).
77 장지연, 「조선 전기 개성과 한성의 관계(1)-점으로 보기」, 『서울학연구』 63, 서울시립대학교 서울학연구소, 2016.
78 장지연, 앞의 논문, 120-122쪽 참조.
79 『연산군일기』 연산군 3년 3월 18일.
80 『중경지』에는 崔世津으로 기재되어 있는데, 동일인으로 보인다.

81 『중종실록』 중종 5년 6월 18일.
82 『성종실록』 성종 5년 11월 11일.
83 최근 연구는 성종 연간까지 개성에서 과거가 시행되지 않았다는 사실에 의문을 표한다(장지연, 앞의 논문, 122-127쪽). 그런데 그 연구도 실제로는 개성에서 과거가 시행되지 않았고, 그래서 개성 사람들은 과거를 보려면 서울로 가서 보아야 한다는 점을 인정하고 있다.
84 『성종실록』 성종 18년 3월 15일.
85 『중종실록』 중종 20년 9월 3일 기미.
86 『명종실록』 명종 2년 7월 24일 계유.
87 『중종실록』 중종 39년 8월 4일 경오.
88 김택영, 「숭양기구전」 서문. 김승룡, 『송도인물지』, 현대실학사, 2000, 17쪽에서 인용.
89 이익, 『성호사설』 11, 人事門, 西北武士.
90 박평식, 앞의 논문, 191-192쪽.
91 『여지도서』 개성부, 공주.
92 김육, 『송도지』. 府内之田 皆沙石之地 種穀者少 而種木棉者多 以糞田勤慢計摘花多少 民多田少 一人所耕不過一日 少則朝前午前 濟用掌苑司圃公田甚多 故納稅耕食如家業 外村田場稍廣 而府内人參半往作 四境之内 依京城十里内 只有稅而無他賦 田一千四十餘結 畓七百五十餘結 以此收稅 合米太四百七十餘石 爲官府之祿 使令之供 故多不足 啓請他邑之粟 凡雜役皆出於戶口 田結之役甚歇 而戶口之役頗苦.
93 『여지도서』 수원.

2. 개성상인의 상업 전통

94 『세종실록』 세종 8년 1월 17일.
95 『세종실록』 세종 11년 10월 16일. 이 기록을 보면 개성인에 대한 과거 금지는 개성 지역에서 과거를 실시하지 않도록 한 조치임을 알 수 있다. 때문에 개성에서 다른 지역으로 옮길 경우 과거 응시나 관직 진출이 가능하였다. 그러나 개성에 계속 남아 있는 경우 개성에서 과거가 실시되지 않았기 때문에 응시 기회가 없었고 따라서 관직 진출도 어려웠던 것이다.
96 『문종실록』 문종 2년 2월 1일.
97 『예종실록』 예종 1년 6월 9일.
98 강제훈, 「조선 초기 훈척 한명회의 관직 생활과 그 특징」, 『역사와 실학』 43, 역사실학회, 2010, 12쪽; 박문열, 「상당부원군 한명회의 지석에 관한 연구」, 『인문과학논집』 43, 강남대학교 인문과학연구소, 2011, 65쪽.
99 『성종실록』 성종 9년 7월 21일; 『성종실록』 성종 9년 8월 3일.
100 『성종실록』 성종 16년 7월 26일.
101 『성종실록』 성종 24년 5월 18일.
102 이중환, 『택리지』 팔도총론 경기.
103 『성종실록』 성종 25년 5월 8일. '府內居民, 專務興販, 出入遠方.'
104 京畿道廳, 「(民風材料 高麗의 舊都) 松都의 民-開城郡 開城에 在한 部落調査」, 『朝鮮』 76, 1924, 85쪽.
105 조선 초 개성 유민들 가운데 일부가 귀농한 사실은 당시 사료를 통해서도 확인된다.
106 尾崎俊輔, 「開城ノ時邊ニ就テ」, 朝鮮殖産銀行調査課, 2-3쪽.
107 『태종실록』 태종 9년 3월 3일.
108 『태종실록』 태종 11년 1월 21일.

109 『태종실록』 태종 11년 2월 1일. 위 사건은 태종이 개성 체류 중에 발생한 것이다. 태종은 이해 2월 중순까지 개성에 머물면서 정무를 보았다.
110 『문종실록』 문종 즉위년 6월 17일.
111 『문종실록』 문종 1년 2월 1일.
112 『세조실록』 세조 10년 5월 28일.
113 『세종실록』 세종 29년 윤 4월 7일.
114 김육, 「송도지」 土俗(영인본, 82쪽).
115 『연산군일기』 연산군 5년 8월 16일; 8월 18일.
116 『중종실록』 중종 12년 8월 26일.
117 『중종실록』 중종 28년 2월 20일.
118 『중종실록』 중종 29년 4월 16일.
119 『중종실록』 중종 30년 10월 4일.
120 『연산군일기』 연산군 8년 9월 20일.
121 이덕형, 「松都記異」,(『大東野乘』 卷71).
122 善生永助, 『朝鮮人の商業』, 1926, 14쪽.
123 김광수, 「개성상인(하)」, 『송도민보』 1983. 2. 28.
124 이정림, 『재계회고』 2, 한국일보사, 1981, 276-281쪽.
125 김기호, 『송도치부법 사개문서의 개요』, 동광인쇄사, 1986, 7-8쪽.
126 善生永助, 『朝鮮の商業』, 조선총독부, 1925, 18-19쪽.
127 이덕형, 「송도기이」, 『대동야승』